Gabriela Bunz-Schlösser

Komm mal einen Tag zu dir!

Ich widme dieses Buch allen Menschen,
die mir in meinem Leben begegnet sind.
Von ihnen allen habe ich viel gelernt –
auch wenn ich manches erst sehr spät begriffen habe.

Gabriela Bunz-Schlösser

Komm mal einen Tag zu dir!

Wege zu einem glücklicheren Leben

mvg Verlag

Bibliografische Information der Deutschen Bibliothek
Die Deutsche Bibliothek verzeichnet diese Publikation in der Deutschen Nationalbibliografie; detaillierte bibliografische Daten sind im Internet über http://dnb.ddb.de abrufbar.

5. Auflage 2005
4. Auflage 2003 erschienen unter ISBN 3-478-08345-1

Umschlaggestaltung: Atelier Seidel, Neuötting
Satz: Fotosatz H. Buck, Kumhausen
Druck- und Bindearbeiten: Ebner & Spiegel, Ulm
Printed in Germany 07068/080503
ISBN 3-636-07068-1

Inhaltsverzeichnis

Einführung

Hallo liebe Leserin,
hallo lieber Leser,

zunächst möchte ich Sie zu Ihrem Vorhaben beglückwünschen, einmal sich selbst einen Tag zu gönnen. Mit diesem Schritt haben Sie aus meiner Sicht den wichtigsten Weg in Ihrem Leben eingeschlagen, der für die gesamte psychische Gesundheit nötig ist: so gut wie möglich für sich selbst zu sorgen.

Ich möchte Sie heute einladen, einige einfache Techniken auszuprobieren, die sich in meiner 20-jährigen Therapiearbeit sowohl bei meinen Patienten als natürlich auch bei mir selbst (ich teste immer erst alles an mir selbst aus – ist ja klar!) bestens bewährt haben. Glauben Sie nun ja nicht, ich halte Ihnen einen Vortrag, für den Sie ein Fremdwörterlexikon benötigen, um zu verstehen, was ich meine. Nein! Ich schreibe ganz einfach so, dass mich jeder verstehen kann. Ich habe es selbst nicht gerne, wenn ich Bücher lese, bei denen ich mich bald nach jedem Satz fragen muss: „Ja, was meint er denn nun eigentlich?“ Also, das tue ich weder Ihnen noch mir an. Ich schreibe ganz „normal“, und ich denke, auf diese Weise wird's sowohl für Sie als auch für mich gemütlicher. Sie sollen sich ja heute nicht anstrengen, und ich habe auch keine große Lust, bei dem, was ich Ihnen mitteilen will, Schwerstarbeit zu leisten; sonst würde das ja wieder als Schwerstarbeit bei Ihnen ankommen – nach dem berühmten „Bumerang-Effekt“, über den wir später noch mehr sprechen werden – der dann natürlich auch auf mich wieder zurückkommen würde.

Nun empfehle ich Ihnen zuerst einmal, etwas für Ihre Bequemlichkeit zu tun: Wie sitzen Sie im Moment? Haben Sie sich den bequemsten Stuhl ausgesucht, den Sie in Ihrer Wohnung haben oder wo Sie auch sonst sitzen? Wie ist denn Ihre unmittelbare Umgebung im Moment? Fühlen Sie sich da richtig wohl, wo Sie sich aufhalten? Gibt es irgendetwas, das Sie lieber noch verändern möchten? Wenn ja und falls möglich, dann tun Sie es jetzt. Das ist sehr wichtig. Wenn ich schon etwas für mich tun will, dann muss auch die Umgebung stimmen. Nun sollten Sie auch darauf achten, was Sie im Moment anhaben. Ist Ihre Kleidung so bequem, dass Sie sich beim Lesen dadurch in keiner Weise eingeengt fühlen? Falls Sie eine Brille tragen: Ist sie geputzt? Welche Geräusche hören Sie gerade? Ist es ruhig oder gibt es irgendwelche störenden Geräusche, die Sie vielleicht abstellen können? Und dann achten Sie auf Folgendes: Wie riecht es denn in Ihrer Umgebung? Riechen Sie überhaupt etwas? Und wenn ja, ist der Geruch angenehm oder vielleicht unangenehm, gibt es etwas zu verändern bzw. wenn es nicht veränderbar ist, dann entspannen Sie sich bewusst dabei.

Tun Sie etwas für sich!

Sehen Sie, jetzt sind wir schon mitten drin. Darum geht es unter anderem an diesem Tag: einfach einmal eine neue Form von Bewusstheit zu entwickeln. – Aber strengen Sie sich dabei nicht an!

Jetzt möchte ich Sie einladen, das Buch nach dem nächsten Absatz erst einmal wieder für zwei Minuten wegzulegen. Ich empfehle Ihnen, tief durchzuatmen, die Augen zu schließen und zu registrieren, wie Sie im Moment eigentlich atmen – ob Sie nur oben in den Schultern atmen (was durchaus üblich ist) oder ob der Atem auch bis in Ihren Bauch hinuntergeht. Wenn Letzteres nicht der Fall ist, probieren Sie einfach einmal in Ruhe, in Ihren Bauch hineinzuatmen. Nun achten Sie auf Ihre Hände. Wie fühlen sie sich im Moment an? Kalt, warm, anders? Und welchen Geschmack spüren Sie gerade in Ihrem Mund? Und dann registrieren Sie einfach mal, wie Sie sich im Moment gerade fühlen (Beispiel: „beschissen“, „geht schon“, „na ja“, „ganz gut“, „gar nicht so übel“ oder vielleicht sogar „hervorragend“). Na ja, Ihnen fallen bestimmt noch viel mehr Sachen ein als mir jetzt – wichtig ist nur, dass Sie einfach einmal nachfühlen, wie es im Moment bei Ihnen ausschaut. Fangen Sie jetzt einfach einmal damit an, und legen Sie dieses Buch für zwei Minuten beiseite.

Und jetzt kommen wir gleich zur ersten Technik, die ich Ihnen beibringen möchte.

1. Kapitel:

Die Fußklappen-Technik

Ich empfehle Ihnen, wenn Sie diesen Abschnitt gelesen haben, einfach das, was Sie gelesen haben, durchzuführen, nämlich: Schließen Sie die Augen, wenn es geht. – Wenn Sie sie auflassen wollen, ist das natürlich auch möglich, aber es ist viel einfacher für Sie, wenn Sie die Augen schließen. Setzen Sie sich auf keinen Fall unter Druck, das, was ich Ihnen jetzt vermittle, sofort körperlich spüren zu wollen. Das wäre viel zu verfrüht.

Lassen Sie ein Schweregefühl einströmen.

Also: Stellen Sie sich vor, dass ein richtig angenehmes Schweregefühl in Ihren Körper einströmt, mit dem Ziel, dass Ihr

Körper ganz angenehm schwer in Ihrem Stuhl oder Sessel sitzt oder liegt etc., und stellen Sie sich vor, dass dieses angenehme Schweregefühl von den Schultern in den Körper einströmt, zu den Oberarmen, zu den Unterarmen, bis in die Hände und Fingerspitzen hinein. Lassen Sie ein richtig angenehmes Schweregefühl einströmen. Und dann stellen Sie sich vor, dass dieses angenehme Schweregefühl ebenso durch Ihren ganzen Körper strömt, zu den Oberschenkeln, zu den Unterschenkeln, bis in Ihre Füße hinein, bis in die Zehenspitzen hinein. Stellen Sie sich vor, dass Ihr Körper ganz angenehm ruhig, schwer und entspannt auf der Unterlage sitzt (liegt etc.).

Nun stellen Sie sich vor, dass ein wohltuendes Wärmegefühl in Ihren Körper einströmt, so, als wenn Sie irgendwo auf einer Wiese lägen oder an einem schönen Strand am Meer und die Sonne so richtig angenehm warm auf Ihren Körper schiene. Sie spüren dieses angenehme Wärmegefühl, wieder von den Schultern ausgehend zu den Oberarmen, den Unterarmen, bis in Ihre Hände, in die Fingerspitzen hinein. Lassen Sie dieses Wärmegefühl ebenso durch Ihren ganzen Körper strömen wie eine angenehme warme Welle, bis zu Ihren Zehenspitzen. Stellen Sie sich vor, dass Ihr Körper ganz ruhig, warm und entspannt dasitzt oder daliegt.

Belastendes durch die Fußklappen rauslassen

Und nun stellen Sie sich vor, dass Sie an Ihren Füßen unten eine Art Klappen haben, die Sie nach außen öffnen können (so, als ob Sie irgendwelche Schuhe anhaben, die Sie da ausziehen). Also stellen Sie sich vor, an den Füßen unten haben Sie Fußklappen, die Sie nach außen öffnen können, sodass von Ihrem Körper etwas, das Sie nach außen schicken wollen, durch diese Öffnung, die Sie jetzt hergestellt haben, hinauskann. Stellen Sie sich jetzt ganz bewusst vor, dass Sie sich immer beim Einatmen Energie aus dem Kosmos holen können. Malen Sie sich aus, dass Sie oben am Kopf, wo Sie zum Beispiel, wenn Sie im Fasching früher als Kind vielleicht einmal einen König oder eine Königin gespielt haben, eine Krone aufhatten, einfach an dieser Stelle, von innen heraus eine Öffnung nach außen herstellen. Von dort aus können Sie aus dem Kosmos Energie anzapfen, wie ein Staubsauger, der nicht Staub

Die Energie des Kosmos anzapfen

anzieht, sondern Energie. Holen Sie sich über diese geöffnete Stelle am Kopf positive Energie in Ihren Körper, und stellen Sie sich vor, dass Sie mithilfe dieser Energie beim Ausatmen nach und nach alles aus Ihrem Körper, aus Ihrer Psyche so richtig hinausschwemmen können, was Sie nicht mehr brauchen, was Sie stört, was Sie belastet usw. Also noch einmal:

Einatmen, positive Energie über diese Stelle in Ihrem Kopf von außen aus dem Kosmos in den Körper hereinholen – stellen Sie sich die Energie etwa vor wie Licht oder wie Wasser, vielleicht haben Sie selbst aber noch eine viel bessere Idee – und nehmen Sie jetzt an, dass Sie alles, was Sie belastet, alles, was Ihnen einfällt, das Sie nicht mehr haben wollen, was ungut ist, was Sie gedrückter Stimmung macht etc., dass Sie das nach und nach mit Hilfe dieser positiven Energie bei jedem Ausatmen durch die geöffneten Fußklappen an den Fußsohlen abgeben. Achten Sie darauf, was da – in Ihrer Fantasie – unten herauskommt. Ich gebe Ihnen ein paar Beispiele. Das kann aussehen wie Dreck, Schlamm,

Sand, Gegenstände, Menschen usw. Jeder hat dafür andere Bilder. Also versuchen Sie, sich vorzustellen, was Sie alles loswerden wollen. Jetzt hier im Moment. Wenn Sie etwa gestern massiven Ärger mit Ihrem Chef gehabt haben, dann schicken Sie den Ärger hinaus, bis Sie ihn nicht mehr spüren. Einatmen, Energie aus dem Kosmos holen, mit Hilfe der Energie diesen Ärger durch den ganzen Körper nach draußen schicken. Der Ärger strömt durch die geöffneten Fußklappen nach außen; und schauen Sie, wie das aussieht, was da herauskommt, wenn es sich zum Beispiel um Ärger mit dem Chef handelt.

So, nun empfehle ich Ihnen, diese Übung ein paar Minuten lang zu machen, und zwar so lange, bis Sie das Gefühl haben: Da unten kommt nichts mehr heraus. Ein wichtiger Hinweis ist noch: Wenn in Ihrer Fantasie einmal gar nichts herauskommt, dann werden Sie spüren, dass irgendwo in Ihrem Körper – vielleicht im Bauch – eine Verkrampfung (= Blockade) ist, die aus irgendwelchen Gründen verhindern will, dass Sie etwas von dem ganzen Mist, den Sie im Moment gar nicht mehr brauchen, loswerden wollen oder können. Finden Sie diese Körperstelle heraus! So könnte es etwa der Magen sein; atmen Sie dann einfach bewusst dorthin, lockern Sie diese Stelle durch Hinatmen, und Sie werden sehen: Mit der Zeit werden Sie in Ihrer Fantasie Formen und Gebilde wahrnehmen, die aus Ihren Füßen purzeln. Stellen Sie sich vor, dass Sie alles, was unten bei den Füßen herauskommt, ganz bewusst wieder zurückschicken bis in den Erdmittelpunkt. Das brauchen Sie alles nicht mehr. Schicken Sie's einfach zurück. Geben Sie der Erde alles wieder.

Wenn Sie damit fertig sind und nichts mehr herauskommt, dann schließen Sie in Ihrer Vorstellung die Fußklappen wieder.

Nun können Sie diese ganzen Freiräume, die Sie jetzt – in Ihrem Körper und in Ihrer Psyche – hergestellt haben, mit positiver Energie aus dem Kosmos auffüllen, wie eine Batterie. Also: Wieder einatmen, sich Energie über den Kopf in den Körper hineinholen und diese positive Energie in den ganzen Körper ausbreiten, bis Sie das Gefühl haben, so richtig mit positiver Energie aufgetankt zu sein.

So, das war's. Legen Sie jetzt das Buch wieder weg, und probieren Sie diese Übung einmal! Gutes Loslassen!

Ich kann Ihnen versichern: Diese Übung ist Gold wert, wenn Sie sie jeden Tag einmal oder vielleicht auch zweimal machen. Sie werden merken, dass diese Fußklappenübung unendlich entlastet. Einmal fangen Sie dadurch überhaupt wieder an, vernünftig zu atmen. Sie atmen dann nicht mehr nur in den Schultern, was wir ja meistens tun, wenn wir angespannt sind, sondern Sie atmen nach unten. Allein dieser Gedanke, dass ich etwas über die Füße ausatme, bewirkt ja schon, dass ich den Atem nach unten schicke und dadurch wieder eine vernünftige Atmung erreiche. Außerdem nehme ich mir Energie aus dem Kosmos zu Hilfe. Wir benutzen im alltäglichen Leben sehr viele Möglichkeiten, die wir haben, aber wir nützen die Energien, die uns noch alle zur Verfügung stehen, nicht aus. Hier können Sie wirklich anzapfen, sich ganz bewusst positive Energie in den Körper holen, sich damit reinigen und aufladen.

Nach unten atmen

Diese Übung ist besonders zu empfehlen, wenn Sie in einer Großstadt wohnen, in der Sie beispielsweise jeden Tag S-Bahn fahren. Was glauben Sie, mit wie vielen negativen Schwingungen Sie konfrontiert sind, wenn Sie in einer S-Bahn sitzen, die mit Menschen gefüllt ist, oder wenn Sie in einer größeren Stadt einen Kilometer zum Einkaufen gehen. Die ganzen Schwingungen der Menschen um Sie herum, in jedem Kaufhaus oder wo immer Sie auch mit Menschenansammlungen zusammenkommen, strömen durch Sie durch wie die Radiowellen – von denen wir wissen, dass sie durch uns hindurchgehen. Aber dass auch die Energieströme jedes einzelnen Menschen, an dem Sie vorbeilaufen, in Sie eindringen können, damit rechnen Sie nicht. Doch das geschieht, wenn wir uns nicht genügend schützen, und meistens tun wir das nicht. So brauchen wir uns dann nicht zu wundern, dass wir völlig kaputt sind, wenn wir nach zwei Stunden Einkaufsbummel in einer Stadt nach Hause kommen. Das bedeutet ganz schlicht und ergreifend, dass wir energielos geworden sind. Diese vielen Schwingungen, die wir auf-

Schützen Sie sich vor negativen Schwingungen.

genommen haben, haben uns unsere gesamte Energie geraubt; das weiß und spürt kaum jemand.

Normalerweise verschwenden wir mindestens 80 % unserer gesamten Energie – und jeder von uns hat eine ganze Menge davon. Wenn wir lernen, mit unserer Energie sinnvoller umzugehen, wird sich unser gesamtes Leben verändern. Denn wir werden sehr viel Energie übrig haben, die wir dann für die Dinge einsetzen können, die uns wirklich wichtig sind. Um mit unserer Energie besser umzugehen, möchte ich Ihnen zehn Lernregeln vorstellen.

Mit Energie sinnvoll umgehen

2. Kapitel:

Zehn Lernregeln

1. Lerne, weder dich noch andere zu verurteilen.
2. Lerne, dich nicht mehr zu ärgern.
3. Lerne, deinen Nächsten so zu lieben wie dich selbst (50:50!).
4. Lerne aufzuhören, alles in „gut“ und „schlecht“ einzuteilen.
5. Lerne, deine Gedanken zu disziplinieren.
6. Lerne, dankbar zu sein.
7. Lerne, deinen Partner (Lebenspartner, Kind, Chef, Arbeitskollege etc.) mindestens in Bezug auf eine Sache anerkennen zu können.
8. Lerne, unabhängig von einem Partner existieren zu können – und zwar gut!

9. Lerne, Verantwortung für dich selbst zu übernehmen.
10. Lerne, anderen zu verzeihen.

So, nun wollen wir die einzelnen Lernregeln, die uns in neuem Sinne helfen, „Energie zu sparen“, einmal genauer anschauen.

Regel Nr. 1:

Lerne, weder dich noch andere zu verurteilen

Prüfen Sie einmal sich selbst: Wie gehen Sie mit diesem Thema um? Wann haben Sie das letzte Mal über irgendjemanden geschimpft, jemanden verurteilt, vielleicht sogar sich selbst verurteilt? Wenn Sie einen anderen Menschen wegen irgendetwas verurteilen – wie fühlen Sie sich dann? Achten Sie einmal darauf: Normalerweise geht es einem im Moment danach – oder während man so richtig kräftig über jemanden lästert – eigentlich ganz gut. Man hat es offensichtlich nötig, sich über den anderen zu erheben, damit man sich wieder besser fühlt! Ich kenne das aus meiner Studentenzeit selbst sehr gut. Ich hatte eine Freundin, mit der wir semesterlang alle Studenten, die uns einfielen, endlos verurteilt, „verarscht" (so würde es die Jugend heute nennen), niedergemacht, verlacht haben, und ich weiß, dass wir uns dadurch königlich aufgebaut haben in unserem eigenen Selbstwertgefühl, das damals doch ziemlich im Argen lag. Je schlechter es uns selbst ging, desto mehr haben wir über andere hergezogen, sie verurteilt etc. Wir haben uns in diesem Moment wieder besser gefühlt.

Der Bumerang-Effekt

Nur: Hier tritt – wie immer im Leben – der Bumerang-Effekt ein, nämlich: Alles, was ich nicht nur mit lauten Worten, sondern auch mit Gedanken hinausgebe, bekomme ich nach dem Bumerang-Gesetz wieder zurück. In irgendeiner Form fangen dann andere Menschen an, über mich zu lästern, mich zu verurteilen etc. Ich werde das, was ich an Negativgefühlen aussende, auch wieder von anderen zurückbekommen. Natürlich sieht man das nicht, aber man kann es spüren. Achten Sie doch einmal darauf: Sie fühlen sich plötzlich schlecht. Warum? Es könnte am momentanen Wetterwechsel liegen oder daran, dass Sie etwas gegessen haben, das Ihnen nicht bekommen ist. Es könnte aber auch sein, dass gerade ein Mensch sehr negativ an Sie denkt. Auch solches kann unangenehme Empfindungen hervorrufen. Wir müssen lernen, dass wir nicht immer nur Freunde, sondern oft auch Feinde in unserem Leben haben. Entscheidend ist letztlich aber nur, wie wichtig uns das ist. Wie wichtig sind wir uns selbst? Je klarer ich in mir bin, je stimmiger ich lebe mit dem, was in mir ist, desto unwichtiger ist es, wie irgendjemand auf dieser Welt über mich denken mag, egal, ob gut oder schlecht. (Aber darüber reden wir später noch einmal.) Also, wenn Sie aufhören, andere zu verurteilen, kommt das nicht mehr als Bumerang-Effekt auf Sie zurück, d.h., auch andere Menschen werden aufhören, Sie zu verurteilen. Damit sparen Sie viel eigene Energie. Ich bin überzeugt davon, dass sehr viel Gift in dieser Welt durch unsere „giftigen" Gedanken entsteht, die wir immer wieder in Hülle und Fülle nach außen schicken und die dann auch wieder uns selbst, z.B. über Umweltschäden, treffen. Also: aufhören damit! Wenn wir negativ über andere sprechen oder denken, kommt das auf uns zurück und entzieht uns eine Menge Energie!

Unsere giftigen Gedanken kehren zu uns zurück.

Regel Nr. 2:

Lerne, dich nicht mehr zu ärgern

Überlegen Sie einmal, wie oft und über was Sie sich gestern geärgert haben. Prüfen Sie einmal, wie viel Energie Sie normalerweise damit vergeuden, sich über irgendjemanden zu ärgern, und achten Sie darauf, wie viel Energie Sie täglich verlieren, allein schon damit, dass Sie sich ärgern. Beobachten Sie sich z.B. einmal beim Autofahren. Es gibt dabei doch immer wieder ausgesprochen gefährliche Situationen. Wie verhalten Sie sich da? Schimpfen Sie, nennen Sie den anderen einen „Idioten“, wenn er Ihnen fast in Ihr Auto hineinfährt? Regen Sie sich über die „hirnrissige“ Frau auf, die z.B. pausenlos auf die Bremse tritt, aus für Sie völlig unklaren Gründen, während Sie ständig darauf achten müssen, dass Sie den nötigen Abstand zu ihrem Auto einhalten? Gehen Sie einmal von einer Situation aus, in der Ihnen beinahe jemand ins Auto hineingefahren wäre – im letzten Moment konnten Sie noch ausweichen. Wie haben Sie sich verhalten?

Sie können hier auch ganz anders reagieren, nämlich: dankbar sein, dass nichts passiert ist, sich selbst dankbar sein, dass Sie so hervorragend reagiert haben. Wenn Sie an einen Schutzengel glauben, den Sie immer mit sich mitnehmen, dann schicken Sie ihm ein Dankeschön, dass nichts passiert ist. Freuen Sie sich darüber, dass Sie dafür gesorgt haben, dass weder andere noch Sie selbst jetzt vielleicht in irgendeinem Krankenhaus wieder aufwachen. Auch so kann man mit einer solchen Situation umgehen, anstatt sich maßlos über den anderen aufzuregen und diesen Ärger möglicherweise den ganzen Tag mit sich herumzuschleppen. Ein anderes Beispiel: Sie ärgern sich zum hundertfünfzigsten Mal, dass Sie „Mama-Sitting“ machen (ein für mich herrlicher Ausdruck, den ich vor kurzem in einem Vortrag von Professor Tepperwein gehört habe). Ihre Mutter erwartet regelmäßig dreimal wöchentlich Ihre Besuche bei Kaffee und Kuchen oder dass Sie sie regelmäßig zweimal in der Woche mit Ihrem Auto in der Gegend herumfahren. Sie machen das alles brav – um des lieben Friedens willen –, weil Sie das Gefühl haben, die Reaktion Ihrer Mutter nicht aushalten oder ihr das doch nicht „antun“ zu können, falls Sie einmal Nein sagen würden. Hören Sie damit auf, lernen Sie, dass Sie damit sich selbst schaden und dadurch letztlich auch Ihrer Mutter. Ihre Mutter wird durch solch ein Verhalten (wenn es bei Ihnen nicht von Herzen kommt) letztlich nur wie ein Kind in einer Weise „verwöhnt“, die ihr nicht gut tut. Sie wird zunehmend fordernder und aggressiver werden, wenn Sie nicht das tun, was sie möchte. Hören Sie auf, sich zu ärgern. Stellen Sie es einfach ab; versuchen Sie, die Sache anders anzugehen. Überlegen Sie: Welche Lernerfahrung bietet mir denn das Schicksal in dieser Situation an? Bei dem Beispiel mit der Mutter ganz sicher die, dass es wichtig ist, die Mutter nur dann zu besuchen, wenn dies mit Ihren eigenen Bedürfnissen übereinstimmt, denn nur so bereiten Sie Ihrer Mutter eine echte Freude – und sich selbst auch. Die Mutter wird Ihre Ehrlichkeit spüren können und letztlich damit viel besser umgehen, als wenn Sie ständig Dinge tun, die Sie gar nicht tun

Nein sagen lernen

möchten, bloß weil Ihre Mutter sie von Ihnen erwartet. Denn auch hier spielen wieder unendlich viele Schwingungen mit, die wir nicht sehen. Ihre Mutter wird es genau spüren, dass Sie eigentlich ungern zu ihr kommen, und sie wird genau spüren, dass Sie sich darüber ärgern, aber sie wird natürlich nicht genau wissen, woher dieses Gefühl kommt; denn Sie drücken es ja nicht aus. So schwebt auf Ihrem dreimal wöchentlichen Kaffeetisch der Schleier der Unzufriedenheit zwischen Ihnen beiden, mit dem Ergebnis, dass Sie sich dann vielleicht noch anöden. So gibt es tausend Beispiele. Also, betrachten Sie immer eine Situation, in der Sie sich über irgendjemanden ärgern, als eine *Lernerfahrung:* Fragen Sie sich, was Sie aus dieser Situation lernen können. Achten Sie darauf, ob das, was Sie im Moment tun, mit dem, was Sie eigentlich tun möchten, übereinstimmt. Erst, wenn Sie das ehrlich geregelt haben, wird sich die Situation positiv verändern, und Sie werden keinen Grund mehr haben, sich zu ärgern. Wenn Sie sie z.B. alle 14 Tage an einem bestimmten Tag regelmäßig besuchen, freut sie sich darauf (selbst wenn

Suchen Sie Lernerfahrungen.

sie anfangs „murrt“) und kann sich darauf einstellen. Wichtig wäre hier natürlich, dass Sie den Termin einhalten und sie sich darauf verlassen kann.

Ein anderes Beispiel: Sie haben sich „wahnsinnig“ über Ihren Chef geärgert, weil er sie wieder einmal wegen irgendeiner Kleinigkeit niedergemacht hat. Wo kann hier Ihre *Lernerfahrung* sein? Es gibt viele Möglichkeiten. Probieren Sie es aus: Vielleicht müssen Sie einsehen lernen, dass dieser Arbeitsplatz absolut nicht der richtige für Sie ist, weil Sie in diesem Klima, das Ihr Chef jeden Tag verbreitet, einfach nicht existieren können. Dann wird es Zeit, dass Sie sich schleunigst etwas anderes suchen – und Sie können sicher sein: Wenn Ihre Lernerfahrung genau diese ist, dann finden Sie sehr schnell einen Arbeitsplatz, der für Sie gut ist, auch wenn die Arbeitsaussichten im Moment gar nicht so günstig sind. Das Schicksal bietet Ihnen immer das, was für Sie im Moment wichtig und gut ist. Wir müssen nur lernen, auch auf diese Zeichen, die uns täglich gegeben werden, mit neuem Bewusstsein zu achten. Es könnte bei diesem Beispiel „Ärger mit dem Chef“ aber auch wichtig sein, dass Sie lernen, anders mit ihm umzugehen, ihn einmal von einer anderen Seite her zu betrachten, sich in ihn einzufühlen. Setzen Sie sich zu Hause einmal hin, und versetzen Sie sich in die Lage Ihres Chefs. Machen Sie dazu ganz bewusst einen „Rollenwechsel" mit ihm! Finden Sie heraus, was Sie innerlich empfinden würden, wenn Sie dauernd so viel Ärger und Zorn auf einen anderen Arbeitskollegen abwälzten. Vielleicht bemerken Sie, dass es Ihnen als Chef im Moment überhaupt nicht gut geht, dass Sie z.B. große Probleme zu Hause haben oder von Ihrem Vorgesetzten gerade zurechtgewiesen worden sind oder vor lauter finanziellen Sorgen, weil Sie sich mit Ihrem neuen Haus total übernommen haben, nicht mehr schlafen können. Es fallen Ihnen mit Sicherheit eine ganze Menge Dinge ein, die ausschlaggebend dafür sind, dass Sie – als Chef – sich schlecht fühlen und aus diesem Grund entsprechend handeln. Gehen Sie dann wieder in Ihre eigene „Rolle" zurück. Dabei kann es helfen, wenn Sie den Platz wechseln – z.B. drei Schritte weitergehen – oder sich auf einen anderen Stuhl setzen. Wenn Sie jetzt Ihren Chef mit dem sich vorgestellten Wissen davon, wie es ihm geht, innerlich betrachten, dann können Sie ihn vielleicht aus einer anderen Sichtweise sehen und vor allem selbst einsehen lernen, dass sein Ärger womöglich mit seinen Problemen zu tun hat und nicht unbedingt mit irgendetwas, das Sie falsch gemacht haben. Andererseits könnte es aber auch sein, dass Sie wirklich etwas falsch gemacht haben und selbst bisher einfach nicht bereit waren, diesen Fehler – der vielleicht immer wieder vorkommt – zu ändern. Überprüfen Sie: Was ist hier los? Dabei ist es immer sinnvoll, erst einmal bei sich selbst anzufangen. Stellen Sie sich ruhig immer wieder infrage! Das macht Sie im Moment vielleicht etwas unsicher, aber letztendlich ist es die ideale Chance, allgemein Sicherheit zu bekommen. Sie lernen dadurch, Ihr Verhalten genauer zu beobachten, zu registrieren und dann vielleicht auch anders zu bewerten als bisher. Wenn Sie aber genau wissen, dass das schwierige Verhalten des Chefs nichts mit Ihnen zu tun hat, dann schauen Sie, was bei ihm los ist. Bedenken Sie: Ein Chef, der den ganzen Tag mit seinen Untergebenen herumpoltert, ist meistens die „Unsicherheit in Per-

Stellen Sie sich selbst infrage.

son". Jemand, der es nötig hat, Selbstsicherheit pausenlos auf diese Weise zu demonstrieren, ist nachweislich der Unsicherste unter Ihnen allen. Versuchen Sie in Zukunft, solche Situationen einmal aus dieser Perspektive zu betrachten.

Ich habe in meiner Praxis das große Glück, mit Patienten aus allen Berufs- und Gesellschaftsschichten arbeiten zu können. Das Schönste dabei ist, feststellen zu können, dass im Grunde jeder Einzelne, der zu mir kommt, ein einfacher Mensch ist, der Probleme hat. Glauben Sie ja nicht, dass ein Mann, nur weil er ein großer Manager ist, deshalb z.B. immer innerlich stark sein und ein großes Selbstbewusstsein haben muss oder dass er über Leichen geht – was man solchen Leuten ja oft gerne unterschiebt. Es sieht oft ganz anders aus, wenn man hinter die Fassade schauen darf. Also noch einmal: Rechnen Sie immer damit, dass ein Mensch, der in der Öffentlichkeit andere ständig fertig macht, meistens selbst in einer großen Misere steckt, aus der er vielleicht im Moment keinen Ausweg sieht, und die einzige Möglichkeit, Luft zu bekommen, darin entdeckt, dass er andere schikaniert – was in keiner Weise eine Entschuldigung für solch ein Verhalten ist. Es ist nur ein Hinweis darauf, dass Sie darauf achten sollten, sich selbst nicht solche „Schuhe“ anzuziehen, die Ihnen da angeboten werden. Sie sollen sich also nicht „einbilden“, dass Sie immer und überall an allem schuld sind.

Regel Nr. 3:

Lerne, deinen Nächsten so zu lieben *wie dich selbst*

Sehr viele von uns haben in einer, zum Teil noch recht strengen, christlichen Erziehung gelernt, in umfassendster Weise Nächstenliebe zu üben. Mit dem Ergebnis, dass heute viele unter dem so genannten Helfersyndrom leiden. Das heißt ganz vereinfacht: Ich helfe, helfe, helfe, verausgabe mich dabei total mit meinen Energien, bekomme als Dank dafür häufig noch eine „aufs Dach" – verstehe die Welt nicht mehr – und meine, ich könne dem Ganzen nur dadurch entkommen, dass ich noch mehr helfe. (Ergebnis: Erschöpfungssyndrom, Herzinfarkt etc.) Was uns *nicht* beigebracht wurde, ist, dass die Grundlage dafür, dass ich überhaupt Nächstenliebe ausüben kann, die ist, dass ich mich selbst mag – mich selbst annehme, wie ich bin. Wer kann das schon? Fra-

Akzeptieren Sie sich, wie Sie sind?

gen Sie sich das einmal selbst. Inwieweit können Sie sich so akzeptieren, wie Sie sind? Inwieweit mögen Sie sich überhaupt? Sehen Sie einmal morgens in den Spiegel – ungeschminkt – und prüfen Sie, ob Sie freudestrahlend hineinschauen und sich einen „guten Morgen" wünschen können. An diesem Beispiel können Sie sehr gut feststellen, wie Sie mit sich selber umgehen. Es wurde uns in einer zum Teil falsch verstandenen christlichen Ideologie beigebracht, dass Eigenliebe etwas Negatives ist. Ich möchte hier zur allgemeinen Information einfügen, dass ich selbst katholisch erzogen worden bin, als Kind sehr gläubig war, den Glauben dann als Jugendliche für ca. zehn Jahre total an den Nagel gehängt habe, um dann später im Rahmen meiner beruflichen Tätigkeit in einer Klinik für erwachsene Hirngeschädigte nach Autounfällen, Schlaganfällen und Tumoren langsam wieder anzufangen, einen Gott, der schützend seine Hand über mir hat, zu spüren. Ich halte mich heute für einen gläubigen Menschen, bin aber allen Religionen gegenüber offen und bekomme lediglich Angst, wenn ich es mit Fanatikern zu tun habe. Diese sind meines Erachtens in jeder Art von Religion oder sonstiger Gemeinschaft ganz schlicht und ergreifend „gefährlich".

Gehen wir nun noch einmal zu dem Thema, wie man sich selbst lieben kann, zurück. Sich selbst zu lieben, bedeutet: sich gut um sich selbst zu kümmern, ehrlich mit sich zu sein in allem, was man tut, zu versuchen, mit seinem Inneren – das einem, wenn man darauf achtet, sehr klar sagt, was für uns gut ist und was nicht – in Übereinstimmung zu leben. Es wäre sehr günstig, wenn wir unseren Kopf öfter ausschalten könnten, um unser Inneres mehr zu spüren. Sich selbst zu lieben heißt für mich, dass ich viele Dinge tue, die ich gerne mache, die mir gut tun, und wenn ich dafür sorge, dass es mir selbst gut geht, dann strahle ich das auch auf meine Umgebung aus. Hier haben wir wieder den Bumerang-Effekt: Wenn ich in meine Umgebung Zufriedenheit, Fröhlichkeit ausstrahle, bekomme ich das auch wieder zurück und meiner Umgebung geht es gut. Achten Sie auf die Reaktion Ihrer Kinder, wenn Sie schlecht gelaunt nach Hause kommen: Ihre Kinder werden das widerspiegeln! Sie werden sich auch schlecht gelaunt verhalten. Wenn Sie selbst aber positiv eingestellt heimkommen, sich wohl fühlen, weil Sie an dem Tag das getan haben, was für Sie einfach in Ordnung war, dann werden Sie Ihre Kinder ebenso erleben. Hier noch ein kleiner Tipp: Gehen Sie, wenn der Tag nicht gut gelaufen ist und Sie schlecht gelaunt sind, 10 Minuten spazieren, bevor Sie nach Hause gehen (besser noch 10 Minuten laufen). Kinder sind meistens ein absolutes Spiegelbild von unserem eigenen Verhalten. Wenn Sie lernen, sich selbst zu lieben, d.h. liebevoll mit sich umzugehen, können Sie dadurch Ihre gesamte Umgebung in ein liebevolleres Verhalten eintauchen. Im übertragenen Sinne heißt das: Ich übe Nächstenliebe allein schon dadurch, dass ich gut genug für mich sorge. Liebe zu sich selbst wird häufig gleich gesetzt mit Egozentrik, was für meine Begriffe ein großer Irrtum ist. Denn Egozentrik hat mit Liebe zu sich selbst überhaupt nichts zu tun. Betrachten Sie einmal Menschen, die Sie für egozentrisch halten. Sie werden sehr schnell sehen, dass die Machtgier, dieses An-sich-Raffen aller Dinge, Menschen, Gegenstände etc. mit Liebe zu sich selbst überhaupt nichts zu tun hat. Egozentrik ist im Grunde reine Zerstörung. „Liebe zu sich selbst" bedeutet dasselbe, wie z.B. eine kleine Pflanze liebevoll zu pflegen, zu gießen – nicht zu viel, nicht zu wenig –, sie mit liebevollen Gedanken zu betrachten und sie langsam größer werden zu lassen, bis sie schließlich zu einem blühenden Baum geworden ist.

Also konkret: Fangen Sie einfach einmal an, ab heute jeden Tag für sich in einer bestimmten Weise zu sorgen. Ich habe sehr viel positive Erfahrung in meiner Praxis mit folgender Empfehlung gemacht: Besorgen Sie sich ein kleines Heftchen, und tragen Sie an 21 aufeinander folgenden Tagen täglich mit Datum in dieses Heft ein, was Sie am nächsten oder einem späteren Tag für sich gerne machen würden. Sie sollten lernen, ganz konkret jeden Tag etwas Bestimmtes für sich zu planen, was Ihnen Freude macht. Das kann z.B. sein: sich gemütlich in die Badewanne legen oder ein Stück Kuchen in einem Café essen, sich einmal eine Viertelstunde ausruhen und eine Musik hören, die Sie gerne haben, oder eine kleine Ausstellung besuchen usw. Haben Sie Mut zum Experiment! Versuchen Sie etwas Neues,

Tun Sie sich täglich etwas Gutes.

egal ob es Ihnen danach gefallen hat oder nicht. Gehen Sie dieses Risiko ein. Nur so können Sie auf neue Dinge stoßen, die Ihnen auch Freude machen. Arbeiten Sie mehr mit Ihrer Kreativität, lassen Sie sich etwas einfallen und denken Sie daran, es muss nicht länger als zehn Minuten oder eine Viertelstunde am Tag sein. Wichtig ist lediglich, dass Sie ganz bewusst für sich selbst etwas Gutes tun. Das ist das einzig Entscheidende daran. Wenn Sie das einundzwanzig Tage hintereinander so handhaben, werden Sie merken, dass es sich langsam in Ihr Unterbewusstsein eingeschlichen hat – als eine neue Form des Denkens, die dann ganz automatisch erfolgt.

Die Zahl 21 ist eine sehr wichtige Zahl, die mit unserem Unterbewusstsein sehr viel zu tun hat. Unser Unterbewusstsein nimmt relativ leicht „neue" Dinge auf, aber „umlernen" ist nicht seine Stärke. Dazu braucht es doch ziemlich lange. Angenommen, Sie würden feststellen, dass die Art, wie Sie bisher gegangen sind, nämlich einen Schritt vor den anderen setzend, falsch war und dass die beste Gangart beispielsweise 2 lange Schritte, 2 kurze Schritte wäre. Sie müssten umlernen, und dafür braucht das Unterbewusstsein mindestens drei Wochen = 21 Tage. Da ich annehme, dass Sie bisher nicht genügend für sich gesorgt haben, sollten Sie jetzt umlernen. Dazu möchte ich Ihnen ein Beispiel aus der Praxis nennen: Ich hatte eine Patientin, die im Erdgeschoss eines Hauses ihr Geschäft hatte und im ersten Stock mit ihrem Mann und ihren beiden kleinen Kindern wohnte. Ihr Mann war tagsüber in einem anderen Ort in der Arbeit. Die Patientin arbeitete unten im Geschäft, hörte aber oft ihre Kinder, die von einem Kindermädchen betreut wurden, oben schreien. Sie rannte dann immer wieder zwischendurch nach oben, versuchte die Kinder zu beruhigen, regte sich über sie auf, weil es nicht schnell genug ging, rannte wieder hinunter und arbeitete im Laden weiter. Sie kam damals mit schwersten Depressionen zu mir und hat durch diese Übung nach 21 Tagen sehr oft in ihrem Heftchen lesen können, dass sie mit ihren beiden Kindern spazieren gehen wollte, was sie dann auch gemacht hat. Sie war selbst vollkommen überrascht, dass das mindestens dreimal in der Woche ihr Wunsch war. Darüber war sie sich bisher überhaupt nicht im Klaren gewesen. Sie liebte zwar ihre

Kinder, aber da ihr das Geschäft auch sehr wichtig war, war sie immer hin- und hergerissen zwischen den Kindern und dem Geschäft. Diese kleine Übung hat ihr mehr gebracht als viele Therapiemethoden, weil ihr dabei klar wurde, was sie eigentlich wollte, nämlich viel lieber mit ihren Kindern zusammen zu sein. Sie hat es dann geschafft, ihr Geschäft aufzugeben, mit der Familie in eine billigere Gegend zu ziehen, um nun einmal, wenn auch wesentlich einfacher, nur mit dem Verdienst ihres Mannes auszukommen. Ergebnis: Die Patientin ist glücklich, endlich einmal richtig „Mutter" sein zu können; ihre Kinder sind glücklich, weil sie ihre Mutter bei sich haben, und ihr Mann ist glücklich, weil er, wenn er nach Hause kommt, eine fröhliche Frau und fröhliche Kinder vorfindet (natürlich gibt es auch in dieser Beziehung mit Sicherheit immer wieder irgendwelche Reibereien – wo wäre das nicht so?).

Finden Sie heraus, was Sie gern tun.

Hier hat sich durch diese einfache Übung etwas ganz Entscheidendes geändert: Diese Frau wurde sich darüber klar, was sie eigentlich am liebsten macht. So werden vielleicht auch Sie merken, wenn Sie diese Übung durchführen, dass sich etwas bei Ihnen verändert. Einmal 21 Tage lang jeden Abend überlegen: Was tue ich mir am nächsten Tag Gutes? Schreiben Sie sich das Datum auf, und machen Sie es dann auch wirklich. Beobachten Sie sich: Wie geht es Ihnen damit? Viele von Ihnen werden merken, dass es gar nicht so einfach ist, überhaupt etwas herauszufinden, was Sie für sich tun könnten. Um so wichtiger ist, dass Sie genau das lernen. Denn je mehr Sie gut für sich persönlich sorgen, desto gesünder und glücklicher werden Sie in Ihrem Leben werden. Das kann ich Ihnen mit Sicherheit sagen.

Regel Nr. 4:

Lerne aufzuhören, alles in „gut“ und „schlecht“ einzuteilen

Wir sind so sehr gewohnt, alles, was wir tun, was ist, was andere tun, was wie sein soll, in Kästchen einzuteilen. Solche Handlungsweisen vereinfachen zwar das Leben, engen es aber auch gleichzeitig ganz mächtig ein. Denn das Prinzip der Lernerfahrung wird dadurch geradezu unterbunden. Ich glaube, wir sind auf der Erde, um zu lernen – u.a. auch zu lernen, glücklich zu sein – und um uns ständig über Lernerfahrungen positiv weiterzuentwickeln. Sie können heute die Grundlage für Ihr neues Glück legen – allein schon dadurch, dass Sie sich einen Tag für sich Zeit nehmen und einfach einmal beginnen, sich selbst mit Ihren Handlungsweisen und Ihre Umgebung auf neue Weise zu betrachten, zu versuchen, ehrlicher mit sich selbst zu sein, stimmiger in sich zu leben, d.h. zunehmend mehr in Kontakt mit

Schubladendenken engt das Leben ein.

Ihrem Inneren zu kommen und zu lernen, mit den eigenen Energien ganz anders umzugehen als vermutlich bisher.

Statt „gut“ und „schlecht“ gibt es für mich seit längerer Zeit nur noch einen Satz, den ich von Prof. Tepperwein bei einem Vortrag mehrfach hörte: „Alles ist gut, so wie es ist.“ Ich möchte Ihnen dazu eine Geschichte aus einem Buch von Hans Grünn, „Die innere Heilkraft“, erzählen:

Alles ist gut, so wie es ist!

„Ein Bauer lebte mit seinem Sohn in einem Dorf. Er wurde von den Nachbarn als wohlhabend angesehen, weil er ein Pferd besaß, mit dem er seinen Acker pflügen konnte. Eines Tages lief das Pferd davon. Die Nachbarn kamen vorbei und bedauerten den Bauern: „Was für ein Unglück du doch hast!“ Der Alte aber antwortete nur: „Alles ist gut, so wie es ist.“ Am nächsten Tag kehrte das Pferd in den Stall zurück und brachte ein wildes Pferd mit. Die Nachbarn kamen wieder und gratulierten dem Bauern zu dieser unverhofft günstigen Wendung: „Was für ein Glück du doch hast!“ Er aber antwortete nur: „Alles ist gut, so wie es ist." Am Tag darauf versuchte sein Sohn, das wilde Pferd einzureiten. Es warf ihn aber ab, und der Junge brach sich ein Bein. Die Nachbarn bedauerten den Bauern: „Was für ein Unglück du doch hast!" – „Alles ist gut, so wie es ist", antwortete der Bauer wieder. In der folgenden Woche zogen die Abgesandten des Kaisers durch die Gegend und rekrutierten alle jungen Männer für die Armee. Den Sohn des Bauern ließen sie aber wegen seines gebrochenen Beines in Frieden. „Was für ein Glück du doch hast!", sagten die Nachbarn. Und der Bauer antwortete wieder: „Alles ist gut, so wie es ist."

Sie sehen an dieser Geschichte, dass alles relativ ist. Es kommt immer darauf an, von welcher Seite aus Sie eine bestimmte Situation ansehen. Sie werden sehr oft im Leben merken – wenn Sie einmal darauf achten –, dass Dinge, die Sie anfangs für falsch oder für verrückt oder für enttäuschend hielten, im Nachhinein geradezu ein Segen und ein Glück für Sie waren. Denn dadurch hat sich vieles entweder von alleine erledigt, oder Sie sind dadurch in Situationen geraten, in die Sie ohne diese so genannte „negative" Situation nie hineingekommen wären. Wenn Sie diesen Satz: „Alles ist gut, so wie es ist“ den ganzen Tag über einmal anwenden, in jeder Situation, die Ihnen belastend oder negativ vorkommt, dann werden Sie merken, dass dieser Satz Ihnen mit der Zeit eine ganz neue Art von Vertrauen gibt durch die Erkenntnis, dass – wie in obiger Geschichte – letztendlich – aus jeder noch so schlimmen Situation etwas Positives werden kann, wenn Sie sich nur entsprechend darauf einstellen. Wenn wir alle wüssten, wie unglaublich mächtig wir mit unseren Gedanken sind, wären wir alle glücklichere Menschen. Jeder von uns kann lernen, glücklich zu werden, einfach dadurch, dass er bestimmte Gesetze des Lebens erkennt und seine geistige Einstellung zu den Dingen, die ihm das Leben jeweils anbietet, verändert. Das ist mein großes Anliegen an diesem heutigen Tag.

Glücklich sein kann man lernen.

Regel Nr. 5:

Lerne, deine Gedanken zu disziplinieren

Für mich ist das Wort „Disziplin“ aus früheren Zeiten noch immer etwas negativ behaftet, aber ich habe im Laufe der Jahre feststellen müssen, dass dieses Wort in sehr vielen Dingen durchaus seine Berechtigung hat. Ich denke, wir vernachlässigen heutzutage allgemein diese „Tugend“ – so möchte ich es fast nennen. Auch unsere Kinder lernen zu wenig Disziplin, und dies ist meines Erachtens auch ein Grund, warum es heute so viele orientierungslose Jugendliche und unter ihnen so viel Chaos gibt. Aber darauf gehe ich später noch einmal ein. Jetzt geht es um das Lernen von Gedankendisziplin. Richten Sie einmal die Aufmerksamkeit auf Ihre Gedanken. Heute ist vielleicht kein sehr günstiger Tag dafür, weil Sie sich ja jetzt gerade mit diesem Buch beschäftigen, aber nehmen Sie sich einmal vor, z.B. morgen um zehn Uhr darauf zu achten, was Sie im Moment gerade denken. Schreiben

Sie sich einen kleinen Merk-Zettel: „Zehn Uhr, Gedankenkontrolle“, und kontrollieren Sie, was in Ihrem Kopf so alles vor sich geht. Sie werden merken, dass fast jeder von Ihnen pausenlos irgendetwas denkt. Diese Maschine da oben rattert bei uns fast ununterbrochen. Der berühmte Herr Schulz, von dem Sie indirekt alle schon etwas gehört haben, weil er das Autogene Training erfunden hat, hat begonnen, dieser „Rattermaschine“ ein Ende zu machen. Er hat versucht, Menschen beizubringen, ihre Gedanken u.a. intensiv einzuengen, z.B. auf Schwere, Wärme – wie Sie es in der anfänglichen Fußklappenübung bereits durchgeführt haben. Dadurch, dass Sie Ihre Gedanken ganz gezielt auf eine Sache konzentrieren, kommen Sie mit Ihrer gesamten Psyche einschließlich aller Körperfunktionen zur Ruhe, Erholung und letztlich – im besten Fall – zur Heilung. Jeder von Ihnen kann sich über seine Gedanken selbst heilen – aber das ist wieder ein weiteres Thema, darauf kommen wir später.

Wenn Sie also einmal morgen um zehn Uhr kontrollieren, was Sie gerade denken, werden Sie merken, dass Sie mit großer Wahrscheinlichkeit mit Ihren Gedanken völlig woanders sind als bei dem, was Sie gerade tun. Wir sind es gewöhnt, immer mehrere Sachen gleichzeitig zu erledigen, und sind gedanklich oft überhaupt nicht bei dem Thema, mit dem wir uns gerade beschäftigen. Wenn Sie z.B. in der Küche stehen und kochen: Wer von Ihnen kocht bewusst, ohne an etwas anderes zu denken? Überprüfen Sie es, Sie werden sehen, dass es äußerst selten so ist. Aber das gilt es zu lernen: Das, was Sie im Moment gerade tun, mit vollem Bewusstsein zu tun und an nichts anderes zu denken. Wenn Sie das gelernt haben (was ein sehr mühsamer Prozess ist), dann werden Sie erleben, dass Sie – fast wie in einer meditativen Haltung – völlig in Ruhe handeln können, egal, was passiert, und Sie werden merken, dass das eine wichtige Grundlage für Ihr eigenes Lebensglück ist, denn wenn ich lerne, meine Gedanken zu disziplinieren, gehe ich mit meiner Gedankenenergie in bester Weise um und habe damit wieder sehr viel Energie zur Verfügung.

Tun Sie alles mit vollem Bewusstsein.

Regel Nr. 6:

Lerne, dankbar zu sein

Glücklich werden kann man allein schon dadurch, dass man lernt, dankbar zu sein. Ich möchte Sie an etwas erinnern: Denken Sie einmal an den Golfkrieg, der 1991 stattfand. Rufen Sie sich ins Gedächtnis, wie es Ihnen damals erging. Ich erinnere mich, dass bei mir, was die Praxis anging, „die Hölle" los war. Denn in der ganzen Zeit dieses Krieges klingelte pausenlos das Telefon. Hunderte von Menschen waren am Durchdrehen und wollten einen „Notfall-Termin". Sie drehten offiziell nicht wegen des Krieges und einer möglichen atomaren Bedrohung durch, sondern weil durch dieses Ereignis zusätzliche Unsicherheit und Angst bei ihnen entstanden war. Dadurch wurden viele nicht mehr mit ihren Problemen fertig, die sie bis dahin noch irgendwie kompensiert oder einfach verdrängt hatten. Diese massive Bedrohung damals hat bei sehr vielen meiner Patienten und auch bei mir die Frage aufgeworfen: Was ist in meinem Leben überhaupt wichtig für mich? Ich bin dann durch meine Wohnung gegangen, habe mir so nach und nach alles angeschaut, was ich an Büchern, an Gegenständen besitze, wie ich lebe, was mir mein Golf Diesel bedeutet usw., und ich habe mich, wie viele andere, mit dem Gedanken beschäftigt, was ich mitnehmen würde, wenn ich plötzlich aus dieser Stadt, in der ich lebe, fliehen müsste. Was ist mir wichtig? Mit der Zeit habe ich festgestellt, dass das einzig Wichtige für mich die Menschen sind, mit denen ich lebe, und dass ich ohne großes Problem eigentlich so gut wie alle Gegenstände, die unsere Wohnung bevölkern, zurücklassen – loslassen – könnte. Jetzt sind wir wieder bei einem der wichtigsten Themen überhaupt, dem Loslassen. Damit haben wir bereits bei unserer Fußklappenübung begonnen, und mit einer entsprechend wesentlich ausführlicheren Übung werden wir diesen Tag auch beschließen. Denn: Wenn ich lerne, so weit wie möglich alles loszulassen, werde ich frei und letztlich glücklich. Das war jedenfalls ein Effekt des Golfkrieges, dass sich sehr viele Menschen überlegt haben: Was ist mir eigentlich wichtig im Le-

Was ist Ihnen wirklich wichtig?

ben? Ein weiterer Gedanke, aus diesen Überlegungen heraus: Was habe ich hier, wie lebe ich, und wie sehr bin ich eigentlich dankbar für das, was ich habe? So habe ich angefangen, jeden Morgen schon beim Aufwachen dafür zu danken, dass ich die ganze Nacht über in einem warmen, gemütlichen Bett liegen konnte, ich habe gelernt, jeden Morgen dankbar zu sein für die warme Dusche, die mir sehr wichtig ist und mir auch die Möglichkeit gibt, den Tag liebevoll, warm und weich einzuleiten. Mit dem Frühstück ging es weiter: Ich lernte, dankbar zu sein für alles, was ich zum Essen und zum Trinken habe. – Dies hilft übrigens auch, wesentlich bewusster und dadurch voraussichtlich wieder langsamer zu essen. Wenn Sie sich beobachten, werden mit Sicherheit sehr viele von Ihnen feststellen, dass sie viel zu schnell essen, beim Essen mit Ihren Gedanken wieder völlig woanders sind und dadurch natürlich auch die Verdauung stören, in Hetze kommen, noch viel mehr essen, als sie eigentlich bräuchten, usw. – Ich gehe also seither ganz bewusst mit Dankbarkeit durch den Tag. Ich bin dankbar geworden für die Kleinigkeiten des Tages, die ich als etwas Wohlwollendes für mich empfinde.

Ein entscheidendes persönliches Erlebnis in Bezug auf Dankbarkeit möchte ich Ihnen gerne noch mitteilen, denn es gab in meinem Leben immer noch einen Punkt, an dem ich sehr unzufrieden war: Ich bin dafür zuständig, einen relativ langen Gehweg regelmäßig zu kehren, dort Schnee zu schaufeln etc. Das hatte mir anfangs nicht allzu viel ausgemacht, obwohl ich es noch nie sehr gerne getan habe. Jedenfalls hatten wir eines Herbsttages vor einigen Jahren massive Stürme. An einem Tag musste ich den Gehweg dreimal kehren, weil sich gummistiefelhoch die Blätter von den gesamten Gehwegen und Straßen der Umgebung hier ansammelten. Scheinbar hat gerade der Platz meines Gehweges eine Ruhezone in sich, und deshalb bleibt dort alles brav liegen, was der Wind herweht. Nachdem ich mit viel Mühe das erste Mal die Blätter auf dem ganzen Gehweg aufgesammelt und wegbefördert hatte, war nach zwei Stunden wieder alles voller Laub. Ich dachte, ich sähe nicht richtig. Ich war wütend und richtig sauer, da meine vielen Nachbarn in der Umgebung überhaupt nichts zu tun hatten, nur ich. Am späten Nachmittag wiederholte sich das gleiche Spiel noch einmal.

Am Abend dieses Tages sah ich im Fernsehen wieder verheerende Bilder von dem Krieg in Jugoslawien, und da wurde mir plötzlich bewusst: Ich reg' mich darüber auf, dass ich dreimal am Tag meinen Gehweg kehren muss, statt dass ich froh und dankbar bin, dass ich das in Frieden tun kann, dass ich genug zu essen habe und mich gesund genug fühle, solch eine Tätigkeit körperlich ausüben zu können. Danach habe ich in ähnlichen Situationen meinen Gehweg mit Dankbarkeit gekehrt – und ich sage Ihnen: Von da ab ging es wesentlich leichter, ich hatte sehr viel Energie übrig, da ich sie nicht mehr mit Ärger, mit Wut usw. vergeudete, sondern dankbar war.

Sich ärgern kostet zu viel Energie.

Auch an diesem Beispiel sehen Sie wieder, wie Sie bei sich selbst Energie sparen können: Hören Sie auf, sich zu ärgern, und setzen Sie statt dessen Dankbarkeit ein. Versuchen Sie das einfach einmal selber. Schauen Sie bei bestimmten Dingen genau hin: Worüber ärgern Sie sich? Wie könnten Sie die Situation umwandeln? So werden Sie ein fröhlicherer und glücklicherer Mensch.

Regel Nr. 7:

Lerne, deinen Partner (Lebenspartner, Kind, Chef, Arbeitskollegen etc.) mindestens in Bezug auf eine Sache anerkennen zu können

Achten Sie einmal darauf, was Sie an einem Menschen, mit dem Sie viel zusammen sind, bewundern können. Sie werden sehen, dass man bei jedem Menschen, egal wer er ist und was er ist, etwas anerkennen kann. Ich möchte Ihnen wieder ein Beispiel aus meiner Praxis geben, in die unter anderem schon mehrfach Lehrer zur Supervision kamen. Dabei geht es fast immer um das Thema, dass der Lehrer mit einer bestimmten Klasse große Schwierigkeiten hat, weil er mit den Kindern oder Jugendlichen nicht zurechtkommt. Ich habe den Lehrern beigebracht, mit einer neuen Einstellung in die Klasse zu kommen. Sie sollten morgens schon, statt Angst, Ärger und Zorn zu produzieren, weil sie

Seine Einstellung ändern

schon wieder in diese Klasse gehen müssen, sich einmal eine Viertelstunde Zeit nehmen, um sich jeden aus der Klasse mental „vorzunehmen" und zu überlegen: Was finde ich an jedem Einzelnen gut, was bewundere ich an dem, der mich so wütend macht? Mit dieser Einstellung sollten sie in die Klasse gehen und sich positiv auf jeden Einzelnen einstellen. Es war erstaunlich, dass gerade die Schüler, die einem Lehrer die meisten Probleme bereitet haben, immer etwas Besonderes in ihrer Persönlichkeit besaßen, was der Lehrer nicht hatte, z.B. Selbstbewusstsein. Nun ging es darum, dass der Lehrer nicht mit Neid, sondern mit einer gewissen Bewunderung den Einzelnen gegenübertrat, und das Erstaunliche war, dass die Probleme mit diesen Schülern sehr schnell verschwanden, wenn die Lehrer mit dieser völlig anderen Einstellung in die Klasse kamen. Hier kommt wieder der Bumerang-Effekt: Wenn Sie anderen Menschen mit einer positiven Haltung begegnen, werden Sie mit der Zeit auch das Positive anziehen; kommen Sie mit einer negativen Haltung, werden Sie das Negative anziehen.

Eine positive Haltung zieht Positives an.

Wenn Ihnen jemand etwas Negatives entgegenbringt und Sie mit einer negativen Einstellung antworten, kommt das auf Sie zurück. Die Schüler waren darauf eingestellt, dass der Lehrer ungern in ihre Klasse kam, und wollten ihn wieder einmal „fertig machen". Nun kam der Lehrer plötzlich freundlich, jedem wohl gesonnen in die Klasse. Die Schüler waren zuerst perplex, merkten dann aber – oder empfanden unbewusst – dass das ja eigentlich genau das war, was sie brauchten. Gerade die, die sich am schlimmsten aufführen, benötigen die größte positive Zuwendung. Es ist nur oft sehr schwierig, das in die Realität umzusetzen; aber wenn ich als Lehrer mit einer positiven Haltung in die Klasse gehe und diese Einstellung beibehalte, dann verändere ich automatisch damit die gesamte Klasse. Den Schülern geht es bald besser und mir als Lehrer auch.

Wenn Sie einen Lebenspartner haben, bei dem Ihnen zu diesem Thema „etwas an ihm bewundern" überhaupt nichts einfällt oder nur Negatives, dann sollten Sie sich ernsthaft einmal fragen, ob das der richtige Partner für Sie ist. Ich bin wirklich kein Freund von Trennungen und Scheidungen – ich habe das selbst hinter mir und weiß auch aus meiner Praxis, wie schmerzhaft das ist –, aber aus meiner Sicht und aus der Sicht vieler meiner Patienten gibt es nichts Schlimmeres, als wenn Ehepaare nur wegen der Kinder in einem im Laufe der Jahre oft unerträglich gewordenen Miteinander ausharren und aus diesem Grund zu völlig verbitterten Menschen werden, die Zeit ihres Lebens zu keinem Funken Liebe mehr fähig sind. Das ist sicher nicht im Sinne des „Erfinders". (Die Kinder aus solchen Familien haben, wie sie mir dann oft als Erwachsene in der Praxis erzählen, unter dieser Situation am allermeisten gelitten und wären sehr froh gewesen, wenn die Eltern sich getrennt hätten und sie nur mit einem der Elternteile hätten leben können). Ich halte es zum Beispiel für unverantwortlich, wenn Mütter jahrzehntelang zulassen, dass ihre beispielsweise häufig nachts heimkommenden, schwer alkoholisierten Männer sie selbst immer wieder auf brutale Weise zusammenschlagen und häufig auch die Kinder aus den Betten zerren und ihnen Gewalt antun. Wenn Sie nun aber an Ihrem Partner etwas bewundern oder gutheißen können, dann

Geben Sie auch positive Rückmeldungen.

teilen Sie es ihm doch mit. Achten Sie einmal darauf, wie oft Sie Negatives oder Positives, das Ihnen auffällt, dem anderen mitteilen. Nach der Statistik spricht man Negatives wesentlich öfter aus als Positives. Wenn die Mehrzahl der Lehrer nur begreifen würde, wie wertvoll positive Rückmeldungen oder zum Beispiel Schulaufgabenbeurteilungen nach der Form des positiv Erreichten und nicht nach Fehlern bewertet sind, so wäre das für das Selbstbewusstsein der Schüler von größtem Wert und der kommenden Generation wesentlich mehr gedient. Gott sei Dank gibt es mittlerweile mehr und mehr Lehrer, die diese einfachen Prinzipien berücksichtigen.

Und übrigens: Ein großes Kompliment an alle Ehepaare, die es im Einklang miteinander heutzutage schon länger als zehn Jahre miteinander ausgehalten haben!

Regel Nr. 8:

Lerne, unabhängig von einem Partner existieren zu können – und zwar gut!

Schauen Sie einmal bei sich selbst oder in Ihrer Umgebung herum, und Sie werden feststellen, dass „Partnerschaften" heutzutage unter einem schwierigen Stern stehen. Ich bin überzeugt, dass es noch nie so schwer war, eine gute Partnerschaft zu führen, wie heute. Aber mir ist auch klar, dass für eine gute Partnerschaft wichtige Grundlagen nötig sind, die wir heute wesentlich mehr beachten müssen als früher. Die Grundregel ist: Ich sollte lernen, mit mir selbst so viel anfangen zu können, dass ich auch ohne Partner das Gefühl haben kann, gut zu leben. Wenn man, nur um eine Partnerschaft aufrechtzuerhalten, sich selbst mit allem, was man gerne tut, total aufgibt und sich dem Partner vollkommen anpasst, endet dies letztendlich immer im Fiasko. Denn der, der sich aufgibt, wird sich selbst bald entsetzlich langweilen und er wird irgendwann der langweiligste Partner, den man sich nur vorstellen kann. Sollten Sie jetzt keinen Partner haben, aber vielleicht irgendwann in der Zukunft gerne einen haben wollen, ist es wichtig, Ihr Leben so einzurichten, dass Sie von einem möglichen Partner in der Zukunft nicht abhängig sind.

Das Glück liegt in Ihnen selbst.

Das Glück können Sie letztendlich immer nur in sich selbst finden. Diesen Satz haben Sie sicher schon öfter gehört, und ich kann Ihnen sagen: Er stimmt. Es ist auch keine Kunst, das Glück in sich selbst zu finden, sondern es bedeutet lediglich zu lernen, Ihr Bewusstsein zunehmend mehr auf Ihr Inneres zu richten und z.B. manche dieser Regeln (am besten natürlich alle!), die ich Ihnen in der Zwischenzeit aufgezeigt habe, auszuprobieren und sich die Ergebnisse zunutze zu machen. Am Ende dieses Buchs werde ich Ihnen eine Übung empfehlen, mit der Sie relativ einfach Zugang zu Ihrem Inneren bekommen. Wenn Sie dann im Laufe der Zeit mit einigem Training immer weiter in Ihr Inneres vordringen, werden Sie sich dadurch auch mehr zu der einmaligen Per-

Entwickeln Sie Ihre Persönlichkeit.

sönlichkeit entwickeln, die Sie sind. Ich verspreche Ihnen: Sie werden eine Menge Freude an sich selbst haben, an dem, was Sie selbst ausmacht, und je mehr Sie zu sich selbst gekommen sind, umso unwahrscheinlicher wird es, dass es Ihnen noch jemals in Ihrem Leben langweilig werden kann. Sie werden erstaunt sein, wie viele Interessen Sie entwickeln und wie groß Ihr kreatives Potenzial ist. Unsere Ahnungslosigkeit in Bezug auf alle unsere Fähigkeiten ist häufig erschütternd. Haben Sie Mut, zu sich selbst, zu Ihrem eigenen Inneren hinzuschauen, und Sie können nur positiv überrascht sein!

Regel Nr. 9:

Lerne, Verantwortung für dich selbst zu übernehmen

Ein Hauptübel unserer seelischen Probleme, die wir häufig haben, ist, dass wir für andere Verantwortung übernehmen statt für uns selbst. Wir haben in diesem Leben den Auftrag, in erster Linie für uns verantwortlich zu sein und dann selbstverständlich für unsere Kinder, wenn wir welche haben. Wenn wir aber für uns keine Verantwortung übernehmen, sind wir eigentlich auch nicht in der Lage, in guter Weise für unsere Kinder zu sorgen. Wir sind nicht auf dieser Welt, um für unsere Mütter, für unsere Väter, für unsere Großeltern etc. oder z.B. für unseren Chef, Arbeitskollegen oder Lebenspartner Verantwortung zu übernehmen. Im Gegenteil, je mehr wir das tun, desto mehr schieben wir – ohne es natürlich zu wollen – diesen anderen Menschen in die Rolle eines hilflosen Kleinkindes,

Wir sind für andere Erwachsene nicht verantwortlich.

das sich nach meist längerer Zeit auch entsprechend als solches entpuppt und dann mit ständigen Forderungen und Aggressionen auftritt, wenn es nicht sofort bekommt, was es will. Wir wundern uns dann – da wir es ja immer „so gut“ gemeint haben mit dem anderen –, dass dieser weder dankbar noch zufrieden ist, sondern uns möglicherweise auch noch Schwierigkeiten macht. Wichtig ist, hier zu unterscheiden zwischen der Verantwortung für ein Kind und der Verantwortung für einen Erwachsenen. Verantwortung für ein Kind zu übernehmen, heißt im besten Falle, dass wir einem Kind liebevolle Strenge angedeihen lassen sollten. Das große Übel unserer Zeit ist, dass wir von der antiautoritären Erziehung und deren äußerst schädlichen Wirkungen, die wesentlich schädlicher sind als die der überstrengen autoritären Erziehung von früher (die ja grauenvoll genug in deren Ergebnissen war), noch kaum weggekommen sind. Ich habe selbst diesbezüglich genügend Fehler in der Erziehung gemacht, wobei ich sagen muss, dass ich mich während meines Studiums ganz bewusst gewehrt habe, mich zu sehr mit Kinderpsychologie zu beschäftigen. Mein großer Traum war immer, viele

Kinder zu haben, und ich wollte keine „Psycho-Mutter“ sein, sondern eine „stink“-normale, die eben auch Fehler macht wie jede andere – und ich habe sie gemacht, und zwar mächtig. (Aber nicht, dass Sie denken, ich bereue jetzt, dass ich mich früher nicht mehr mit Kinderpsychologie beschäftigt habe. So ist das nicht. Ich glaube, es gibt für Kinder nichts Grauenvolleres, als wenn sie „psychologisch“ von „Psychologen“ erzogen werden und ihr Verhalten ständig analysiert wird – möglichst noch mit psychologischen Fachausdrücken.) Was ich bei mir feststellen musste und bei sehr vielen in der Praxis ständig beobachte, ist, dass wir mit unseren Kindern viel zu wenig streng umgehen. Kinder brauchen einfach einen klaren „Zaun“, innerhalb dessen sie sich sicher fühlen. Wenn ich als Erwachsener meinem Kind diesen „Zaun“ nicht anbiete, d.h. entsprechende Regeln aufstelle, die ich konsequent durchhalte, wird mein Kind keine Grenzen sehen und sich dadurch „grenzenlos“ verhalten. Wenn ein Kind z.B. alles sofort bekommt, was es haben möchte, wird es herumquengeln, wenn es einmal nicht be-

Kinder brauchen Schranken.

kommt, was es will. Das Herumquengeln kann sich dann ausdehnen in Form von Schreien, Sich-auf-den-Boden-werfen, den verantwortlichen Erwachsenen öffentlich beschimpfen, nach ihm treten usw. Es wird aus Verzweiflung seine ganze Wut ausleben, und der Erwachsene versteht überhaupt nicht, was los ist. Das heißt im Klartext, Kinder brauchen klare Regeln, klare Konsequenzen und natürlich ein liebevolles Verhalten. Ich stelle mit Schrecken fest, dass es immer weniger Mütter bei uns gibt, die wirklich von Herzen gern diesen schwersten „Beruf" der Welt mit gleichzeitig beglückendster Erfüllung ausüben möchten. Das Bedürfnis, ständig so viel wie möglich am Leben teilzuhaben, und die Angst davor, irgendetwas in diesem Leben zu versäumen, treibt heutzutage sehr viele Frauen zu der Meinung, dass sie es mit den Kindern alleine zu Hause nicht mehr aushalten können. Sie nehmen häufig, wenn die Kinder noch sehr klein sind, zusätzlich zu den ganzen Belastungen durch Haushalt und das Versorgen von Kind und Ehemann eine Tätigkeit auf, obwohl das Geld, das der Mann verdient, durchaus für alle ausreichen würde. Das Ergebnis ist ein unendlicher Stress – ein

Thema, auf das wir später noch kommen. Mütter „mit Leib und Seele“ sind am häufigsten bei den vielen allein erziehenden Frauen zu finden, obwohl gerade diese häufig sich und das Kind nur mit großer Mühe finanziell „durchbringen“.

Kommen wir zurück zu unserem Lernschritt „Lerne, Verantwortung für dich zu übernehmen“. Wie können Sie das schaffen?

Als Erstes dadurch, dass Sie bei jeder Handlung, die Sie neu beginnen, erst einmal hinterfragen: Was tue ich hier im Moment? Übernehme ich hier mit dieser Handlung für mich Verantwortung oder für jemand anderen? – Es gibt durchaus Situationen, wenn z.B. ein Elternteil alt und hilflos geworden ist, in denen es dann Aufgabe von uns wird, quasi für unsere Eltern bzw. für einen Elternteil selbst Mutter oder Vater zu spielen und diesen Elternteil als Kind zu betrachten, für das man eine Zeit lang möglicherweise auch Verantwortung tragen muss. Diese Verantwortung sieht aber nicht vor, dass ich nun deshalb mein gesamtes Leben aufgebe und nur noch für diesen anderen Menschen da bin, sondern dass ich z.B. dafür sorge, dass er in einem Altersheim gut untergebracht und versorgt ist und ich ihn z.B. regelmäßig einmal in der Woche oder alle 14 Tage einmal besuche, falls dies möglich ist. Auch in Bezug auf Altersheime möchte ich später noch Näheres erläutern, was ich für sehr wichtig halte, denn die große Angst vor einem Altersheim scheint mir mittlerweile doch meist unberechtigt. Die alten Menschen, die sich davor fürchten, wissen gar nicht, wie positiv es auch für ihr Leben dort sein könnte.

Verantwortung zu übernehmen für mich selbst heißt: Ich sorge für mich, so gut ich kann. Ich tue das, was ich in erster Linie für mich als positiv ansehe. Ich gehe Kompromisse nur dann ein, wenn sie mit meinem Inneren übereinstimmen. Ich bin ehrlich zu mir selbst; ich grenze mich ab (sage Nein), wenn es für mich wichtig und in Ordnung ist. Gerade das Nein-Sagen ist für sehr viele von uns ein großes Problem. Wir haben häufig Angst, dass wir damit die Liebe anderer Menschen verlieren oder die Zuwendung, die wir so dringend brauchen. Das Ergebnis aber – wenn ich nicht Nein sage, wo ich es eigentlich tun müsste – ist immer, dass ich mir selbst schade. Genau das, wovor ich mich fürchte, nämlich Zuwendung zu verlieren, passiert letztlich dadurch wirklich, weil ich mich schon wieder viel zu sehr irgendeiner Norm, die nicht meine ist, angepasst habe und somit irgendwann für den anderen vielleicht langweilig werde. Probieren Sie es einmal aus – in irgendwelchen einfachen Situationen. Wenn Sie es nicht gewohnt sind, Nein zu sagen, versuchen Sie es ein einziges Mal, sich abzugrenzen, Nein zu sagen. Sie werden merken, dass das Ergebnis davon fast immer positiv ist, dass es sich nach und nach verstärkt, denn letztendlich sind auch Ihre Freunde dankbar für jedes ehrliche Nein, das Sie sagen, denn dann wissen sie, woran sie bei Ihnen sind. Wenn z.B. ein Freund Sie anruft und Sie besuchen möchte, aber Sie haben eigentlich keine Zeit und keine innere Ruhe für diesen Besuch und sagen diesem Freund: „Tut mir Leid, mir wird das im Moment zu viel. Können wir bitte einen anderen Termin ausmachen?“, dann weiß Ihr Freund, dass das ehrlich ist und dass Sie, wenn Sie den anderen Termin vorschlagen, einen Kontakt anbieten,

Grenzen Sie sich ab.

der viel mehr Offenheit für diesen Freund zeigt, als es jetzt im Moment wahrscheinlich möglich wäre. Sie werden damit rechnen müssen, dass vielleicht einmal jemand sauer ist, wenn Sie Nein sagen. Doch wenn Sie es nicht täten, würden Sie schon wieder Verantwortung für den anderen übernehmen, bloß damit er lieb und brav zu Ihnen ist. Aber was nützt Ihnen das letztendlich? Das Ganze basiert auf einer Lüge, weil Sie nicht hinter Ihrem Ja stehen. Beispiel: Das „Mama-Sitting“, wie vorher schon einmal erwähnt. Das trifft dann zu, wenn wir uns ein bisschen zu viel – oder viel zu viel – um unsere Eltern oder einen Elternteil kümmern, ohne dass er das wirklich braucht, sondern nur, weil er es fordert. Auch hier ist es ähnlich wie mit der Kindererziehung: „Liebevolle Strenge“ ist angesagt mit klarer Grenzensetzung. Wichtig ist, dass der fordernde Elternteil von seinem erwachsenen „Kind“ deutlich weiß, wozu es bereit ist und wozu nicht, also z.B. alle 14 Tage oder 4 Wochen (je nach Wohnnähe) ein Besuch – genau auf Tag und Stunde lange vorher festgelegt – und dazwischen PAUSE!! Ausnahmen sind natürlich immer „Notfälle“. Das Nein-Sagen ist in allen Fällen von „Mama-Sitting“ dringend nötig. Haben Sie keine Furcht vor einem gekränkten Gesicht. Der Elternteil gewöhnt sich an die neue „Klarheit“ schneller, als Sie es ihm zutrauen, wenn Sie nur konsequent genug sind. Im Grunde geht es immer wieder darum zu lernen, sich zu hinterfragen: Bin ich ehrlich zu mir und zu anderen? In unserer Zeit wird so viel gelogen, das ist unvorstellbar. Ich habe Menschen bei mir in der Praxis erlebt, die die Therapie abbrechen mussten, weil sie gespürt haben, dass sie an einem Punkt angelangt sind, bei dem sie als Konsequenz erkannten, dass sie aufhören müssten zu lügen, damit es ihnen letztlich wirklich besser gehen würde. Dies hätte aber zur weiteren Konsequenz gehabt, dass sie ihren Arbeitsplatz hätten aufgeben müssen, da sie dort z.B. mit Lügen Produkte verkaufen sollten. Da die Existenz z.B. bei einem Mann, der über vierzig ist, heute bei einem Jobwechsel schon äußerst bedroht ist (was ja eine der größten Idiotien unseres Jahrhunderts ist!), traut sich das heute kaum mehr jemand zu tun. Aber auch hier ist immer wieder das Gesetz des Bumerang-Effekts aktiv. Denn wenn Sie lügen, bekommen Sie

Seien Sie konsequent.

Lügen können krank machen.

Lügen zurück, und wenn Sie dementsprechend ständig gegen sich handeln, kann sich das letztlich z.B. in Form einer körperlichen Krankheit auswirken, die Ihnen ein Signal sein kann für etwas, das Sie im psychischen Bereich in Ordnung bringen sollten.

Regel Nr. 10:

Lerne, anderen zu verzeihen

Dies halte ich für die schwierigste Aufgabe im Leben eines Menschen und habe sie daher auch als letzte Regel aufgestellt. Wenn man es geschafft hat, anderen zu verzeihen, ist das die größte Befreiung im Menschen, die man sich vorstellen kann. Viele Dinge schleppen wir Jahrzehnte mit uns herum, nur weil wir anderen Menschen nicht genug oder überhaupt nicht verziehen haben. Mir ist in meinem Leben sehr deutlich geworden, dass es fast unmöglich ist, wenn ich z.B. einem Partner eigentlich etwas verzeihen möchte, was er mir ständig antut, aber genau weiß, dass morgen das Gleiche wieder passiert wie gestern und heute. Dann ist ein Verzeihen für meine Begriffe kaum möglich. Aber wir schleppen ja häufig Dinge mit uns herum, bei denen in uns immer wieder einmal dieser Satz auftaucht: „Das verzeih ich dem nie!“ Prüfen Sie sich einmal selbst. Gibt es einen Menschen, dem sie irgendetwas nie verzeihen wollen, oder einen, dem Sie vielleicht einmal etwas verzeihen sollten? Achten Sie auch einmal darauf, welche Dinge es möglicherweise gibt, die Sie sich selbst bisher nicht verziehen haben. Letzteres sind häufig unsere schwersten Rucksäcke, die wir unser Leben lang mit uns herumschleppen. Es gibt viele Menschen, die sich die Tatsache, dass sie einmal eine für sie schreckliche Beziehung eingegangen sind – die sie zwar längst beendet haben, die ihnen aber ihr Leben verdorben hat – selbst nie verzeihen.

Aus den eigenen Fehlern lernen

Versuchen Sie, solche Situationen anders zu betrachten, nämlich wieder unter dem Gesichtspunkt, was wir daraus lernen können. Bedenken Sie einfach einmal, welche Lernerfahrung Ihnen diese Partnerschaft angeboten hat? Was gab es damals für Sie zu lernen? Und dann überprüfen Sie einmal: Was haben Sie aus dieser Partnerschaft für sich gelernt, oder inwieweit haben sich diese gleichen Erfahrungen wiederholt mit dem nächsten Partner, mit dem übernächsten usw.? Das Leben ist ausgesprochen geduldig. Wenn Sie in einer Partnerschaft eine Lernerfahrung, die Ihnen dort angeboten wird, nicht machen (z.B. dass Sie aufhören sollten, sich an Ihren Partner anzuklammern und mit seiner Energie zu leben statt mit Ihrer), dann wird es Ihnen mit jeder neuen Partnerschaft wieder passieren, dass Sie z.B. von diesem anderen Menschen sitzen gelassen werden, bis Sie begreifen, dass Sie derjenige sind, der endlich aufhören sollte, sich anzuklammern. Denn das ist in einer Partnerschaft immer der Beginn des Endes.

Es ist sehr wichtig für uns zu wissen, dass wir jederzeit Fehler machen können, und wir werden sie auch immer wieder machen. Denn zu jedem Experiment – und dieses Leben ist nun mal ein Experiment – gehört einfach, dass man auch Fehler macht. Wichtig ist nicht, dass wir keine Fehler mehr machen. Wichtig ist, dass wir lernen, aus den Fehlern Konsequenzen zu ziehen und einfach versuchen, diese Fehler, wenn wir sie als solche erkannt haben, beim nächsten Mal nicht mehr zu machen. Also erlauben Sie sich, Fehler zu machen! Wenn Sie das nicht tun, engen Sie Ihr gesamtes Leben ein und

Fehler machen ist erlaubt.

bekommen schließlich kaum mehr Luft. Und hier geht es wieder um das Verzeihen. Verzeihen Sie sich um Gottes Willen selbst, wenn Sie einen Fehler gemacht haben, und beginnen Sie, sich zu erlauben, Fehler zu machen. Lernen Sie, daraus die Konsequenzen zu ziehen, und versuchen Sie, es beim nächsten Mal besser zu machen. Wenn es dann noch nicht funktioniert, probieren Sie es eben noch einmal. Denken Sie immer wieder daran: Das Leben ist sehr geduldig, es bietet Ihnen die Lernerfahrungen, die für Sie vorgesehen sind, so lange an, bis Sie es verstanden haben. Und wenn Sie die richtige Lernerfahrung gemacht haben, dann wird Ihnen das Schicksal diese gerade erlebte, schwierige Situation nie wieder anbieten.

3. Kapitel:

Die Gedankenstopp-Technik

Hier handelt es sich um eine sehr einfache Technik, die aus der Verhaltenstherapie kommt. Sie ist äußerst nützlich, wirkt aber nur, wenn Sie diese in der Situation, in der Sie sie brauchen, am Tag fünfzig- bis hundertmal anwenden. Sie ist sehr kurz, äußerst wirksam, bedarf aber eines richtigen Trainings, wie ein Leistungstraining im Sport. Sie funktioniert folgendermaßen: Wenn ein Gedanke Sie pausenlos quält (z.B. „Durch die schlechte Beziehung mit meinem letzten Partner habe ich etliche Jahre meines Lebens ‚verloren.'“), dann stellen Sie sich als Erstes ein großes rotes Stopp-Schild vor, wie Sie es aus dem Straßenverkehr kennen; stellen Sie es sich am Anfang in normaler Größe vor – am besten mit geschlossenen Augen. Nun lassen Sie dieses Schild langsam immer größer werden, bis es Ihr gesamtes Gesichtsfeld einnimmt, und dann versuchen Sie, dieses Stopp-Schild quasi vor den Gedanken zu stellen, der Ihnen immer wieder kommt. Sie ärgern sich z.B. über eine Person und können von diesem Gedanken überhaupt nicht ablassen. Dann sollten Sie:

1. sich ein großes, überdimensionales rotes Stopp-Schild vorstellen;
2. dreimal tief durchatmen (wieder besonders in den Bauchraum);
3. sich immer das gleiche wunderschöne Erholungsbild, z.B. Meerlandschaft, Berge etc., vorstellen.

Es ist wichtig, dass Sie sich bei dieser Übung immer dasselbe Erholungsbild vorstellen. Sehr günstig ist dabei ein Landschaftsbild, das auch eine gewisse Ruhe ausstrahlt. Ungünstig ist ein Bild, in dem sehr viele Aktionen stattfinden. Das Bild soll Sie ja beruhigen. Das Wetter sollte in diesem Bild möglichst schön sein. Achten Sie auf die Geräusche, die in dieser Gegend vielleicht sein könnten (z.B. Vogelstimmen oder Wasserrauschen). Versuchen Sie, die Temperatur zu spüren (z.B. angenehm warm), und stellen Sie sich auch vor, wie die Luft riecht, in deren Umgebung Sie sich gerade befinden. Es ist wichtig, immer wieder möglichst viele Sinne in dieses Vorstellungsbild miteinzubeziehen, also: Hören, Riechen, Fühlen, vielleicht auch Schmecken usw.

Stellen Sie sich jedes Mal, wenn der Gedanke an diese Person auftaucht, über die Sie sich gedanklich ständig aufregen, immer wieder dieses überdimensional große Stopp-Schild vor, atmen Sie dreimal tief durch und stellen Sie das Erholungsbild ein. Sie werden merken, dass die Person oft schon nach einer halben Minute wieder in Ihren Gedanken auftaucht und Sie sich über sie aufregen. Dann beginnen Sie das ganze Spiel wieder von vorne. Gehen Sie davon aus, dass Sie diese Übung zunächst vielleicht bis zu zehnmal innerhalb einer Stunde wiederholen müssen, aber bald ist diese Übung nur noch einmal nötig, um sich von dem störenden Gedanken zu befreien. Am häufigsten müssen Sie diese

Gedankenstopp-Technik immer dann einsetzen, wenn Sie merken, dass eine Situation Sie gedanklich wie eine Spirale in die Tiefe zieht. Gehen Sie davon aus, dass es drei bis vier Wochen dauern kann, bis Sie einen positiven Effekt bemerken. Dieser sieht z.B. so aus, dass sich schon ganz automatisch das Stopp-Schild einstellt, wenn Sie an diese Person nur denken. Dadurch ergibt sich für Sie die Möglichkeit, wieder normal zu atmen und den Gedanken dabei wegzuschieben. Sie werden später vermutlich nichts mehr weiter brauchen als das Stopp-Schild.

Wenn es sich bei den Sie bedrängenden Gedanken um eine Situation handelt, die Sie ändern können, dann sollten Sie natürlich versuchen, dies so schnell wie möglich zu tun. Aber meistens quälen uns Gedanken über Situationen oder Menschen, mit denen wir Dinge erlebt haben, die längst vorbei sind, die uns aber immer wieder negativ in unserem Hier und Jetzt beeinflussen, z.B. auch durch Schuldgefühle, die wir uns immer wieder selbst einreden. Wenn das so ist: Bitten Sie den Menschen, um den

Befreien Sie sich von Schuldgefühlen.

es geht, in Gedanken um Verzeihung – immer wieder, bis Sie sich von dem Schuldgefühl befreit haben. Haben Sie Mut: Es geht! Dies ist auch eine ganz vorzügliche Technik, um etwas in Ihrem Leben, das vergangen ist und das Sie nicht mehr ändern können, einfach loszulassen. Sie werden sehen, dass Sie durch diese Technik mit der Zeit ein richtiges Befreiungsgefühl bekommen. Dadurch wird wieder sehr viel Energie frei, die durch dieses ewige Hindenken vorher gebunden war.

Stellen sie sich auch hier immer wieder die Frage: Was mache ich mit meiner Energie? Sie sehen schon: Das Wort „Energiesparen", das in unserer heutigen Zeit sowieso tagtäglich in allen möglichen Bereichen Thema geworden ist, ist für uns selbst eins der allerwichtigsten.

4. Kapitel: Die 7 x 7 x 7-Technik

Hierbei geht es um eine Technik, die äußerst hilfreich ist, um den Computer in Ihrem Gehirn umzuprogrammieren. Wenn Sie z.B. von Ihrem Vater oder Ihrer Mutter gelernt haben, dass Sie in Ihrem Leben niemals Fehler machen dürfen, wenn Sie sich aus diesem Grunde in Ihrem Leben immer wieder zwanghaft einschränken und panische Ängste entwickeln vor jedem möglichen Fehler (und deshalb machen Sie erst recht Fehler), dann empfehle ich Ihnen diese Technik:

Setzen Sie sich an *sieben Tagen* hintereinander mit einem Stift und viel Papier an einen Tisch, und schreiben Sie jeden Tag jeweils 7 x 7 = 49-mal z.B. diesen Satz auf: „Ich erlaube mir, Fehler zu machen." Falls Sie einen Tag einmal keine Zeit haben sollten, müssen Sie wieder von vorne anfangen. Sie werden merken, dass nach sieben Tagen, an denen Sie jeweils neunundvierzigmal diesen Satz aufgeschrieben haben, Ihr Unterbewusstsein diesen Satz nach und nach aufgenommen hat und der alte Satz: „Ich darf keine Fehler machen" allmählich aus Ihrem Gehirn „gestrichen" wird. Es ist wichtig, dass Sie mit der Hand schreiben und nicht mit der Schreibmaschine. Wundern Sie sich nicht, wenn Ihre Hand, vor allem am Anfang, mehrfach streiken sollte. Ich habe diese Übung natürlich auch ausprobiert, bevor ich sie weitergegeben habe, und musste bei mir feststellen, dass ich, obwohl ich sonst fast den ganzen Tag bei den vielen Berichten meiner Patienten immer per Hand mitschreibe und dadurch das Schreiben ja den ganzen Tag über gewohnt bin, beim Schreiben meines eigenen Satzes innerhalb dieser Übung einen solchen Schreibkrampf bekommen habe – drei Tage hintereinander –, dass ich immer nach einigen Sätzen aussetzen musste. Das ist eine „Form", wie mein Unterbewusstsein Widerstand produziert. Mein Satz hieß: „Ich erlaube mir abzunehmen". Mein

Unterbewusstsein war offensichtlich immer noch der Meinung, dass 93 kg (so viel wog ich damals) für mich nötig seien, um mit den vielen Anforderungen meines Lebens fertig zu werden (Schutzpanzer!). Mein Gehirn hatte eigentlich gar keine Lust, einen solchen Satz umzuprogrammieren. Da ist es dann so, als ob zwei Leute miteinander kämpften – so ungefähr können Sie sich das vorstellen. Nach drei Tagen war der Widerstand offensichtlich vorbei, und ich konnte wieder normal weiterschreiben. Später habe ich dann 17 kg in einem halben Jahr relativ leicht abgenommen. Da sehen Sie wieder, wie das Unterbewusstsein arbeitet, es ist einfach phänomenal. Die Dinge, die in unserem Leben seit der Kindheit einprogrammiert worden sind, sind nicht so leicht zu löschen, wie wir denken, d.h., es bedarf relativ vieler Mühe und Arbeit, um z.B. solch einen Satz: „Ich darf nie Fehler machen“ in den Satz, „ich erlaube mir, Fehler zu machen“ umzuprogrammieren. Man hat herausgefunden, dass man dazu mindestens diesen erwähnten Zeitaufwand braucht, um seinem Unterbewusstsein die neue Botschaft so anzubieten, dass es

Das Unterbewusstsein umprogrammieren

diese auch annimmt. Sollten Sie, nachdem Sie 7 Tage lang Ihren Satz aufgeschrieben haben, immer wieder noch kleine Rückfälle haben, dann wiederholen Sie das ganze noch einmal. Ich bin sicher, Sie werden auf keinen Fall mehr als zwei oder drei Übungen benötigen, um auch ein noch so schwieriges neues Konzept in ihrem Unterbewusstsein umzuprogrammieren. Die Lehrer früher haben schon ganz genau gewusst, was sie ihren Schülern „antaten", wenn sie sie dazu zwangen, z.B. hundertmal den Satz zu schreiben: „Ich mache in Zukunft die Türe leise zu". Der Schüler, der diesen Satz hundertmal geschrieben hat, hat ihn mit ziemlicher Garantie so gut in seinem Unterbewusstsein gespeichert, dass ihm in Zukunft bei jeder Tür sofort einfiel: „leise zumachen". Sie sehen wieder, es handelt sich hier um eine sehr einfache Technik, die sich bei anderen und bei mir selbst hundertfach bewährt hat. Der Satz: „Ich erlaube mir, Fehler zu machen" bedeutet, dass ich sie ruhig machen darf – aber ich soll daraus natürlich auch lernen und versuchen, den jeweiligen Fehler das nächste Mal nicht mehr zu machen.

Diese Methode können Sie mit jedem Satz anwenden, z.B. auch, wenn Sie, wie ich, an Körpergewicht abnehmen wollen und das Gefühl haben, dass Ihr Inneres mit dem Abnehmen überhaupt nicht einverstanden ist – aus irgendwelchen Gründen –, wobei dieses Wort „erlauben“ etwas sehr Positives ist. Schlüpfen Sie ruhig einmal in die Rolle einer liebevollen Mutter oder eines liebevollen Vaters hinein, der zu dem Kind in Ihnen sagt: „Ich erlaube dir jetzt, das und das zu tun.“ Sie werden sehen: Über kurz oder lang werden Sie ein anderer Mensch, weil Sie sich anders programmieren; und warum sollten wir immer nur unsere Computer umprogrammieren und nicht uns selbst?

Erlauben Sie sich selbst etwas.

5. Kapitel:

Depressive Verstimmungszustände

Jeder von uns kennt „depressive" Zustände. Ich kenne niemanden, der nicht irgendwann einmal gedrückter Stimmung ist, herumhängt, sich frustriert zurückzieht usw. Ich spreche hier nicht von schweren Depressionen, die in einer Klinik behandelt werden müssen, sondern von den Depressionen, die wir als „depressive Verstimmungszustände" kennen und die manchmal ein Vorläufer von schweren Depressionen sein können, wenn wir sie nicht rechtzeitig „in den Griff" bekommen.

Es ist häufig wichtig, die Depressionen einmal genauer unter die Lupe zu nehmen. Es ist mir in der therapeutischen Praxis aufgefallen, dass ein Mensch, dem es schlecht geht, der sich depressiv fühlt, häufig meint, dass seine Depression lediglich aus einer psychischen Ursache heraus entstanden ist. Wichtig ist aber, hier auch den körperlichen Zustand des unter einer Depression leidenden Menschen zu betrachten. Es hat sich z.B. gezeigt, dass Menschen, die sehr viel Fleisch essen, davon Depressionen bekommen können. Dies mag für Sie vielleicht verrückt klingen, aber der Mensch ist von seinem gesamten Verdauungssystem her noch nie ein Fleischesser gewesen. Der Darm des Menschen ist siebenmal zu lang für die Verdauung von Fleisch. Das bedeutet konkret, dass sich bei diesem Verdauungsprozess der Darminhalt siebenmal zu lang im Körper des Menschen aufhält und dadurch entsprechende Zersetzungsprozesse im Darm entstehen, die dann rückwirkend wieder wie Gifte wirken. Diese können selbstverständlich auch ins Gehirn gelangen und dort das Gefühl von Depressionen erzeugen. Glauben Sie nicht, ich möchte Sie davon abbringen, Fleisch zu essen. Jeder soll das essen, wozu er Lust hat. Aber achten Sie einfach einmal darauf, wenn Sie unter Depressionen leiden und Ihnen eine klare psychische Ursache nicht einfällt, dass Sie dann überprüfen, wie es Ihnen geht, wenn Sie fünf Tage lang einmal kein Fleisch essen. Allein schon diese Ernährungsumstellung könnte bewirken, dass Sie aus diesem depressiven Zustand wieder herauskommen.

Die Wetterlage kann Depressionen verstärken.

Ein anderer Punkt, der neben allen psychischen Zuständen von Depressionen dringend beachtet werden muss, ist unsere Wetterlage. Die erheblichen und in den letzten Jahren immer extremer werdenden Wetterwechsel, die wir vor zehn Jahren in diesem Maße hier in Deutschland noch nicht hatten, beeinflussen unseren Körper selbstverständlich ganz gewaltig, häufig z.B. dadurch, dass wir leichter erschöpft, leichter müde sind. Wenn ich mich jetzt wegen einer psychischen Situation sowieso schon depressiv fühle und dann noch ein entsprechender Wetterwechsel dazukommt, dann habe ich häufig das Gefühl, in einer besonders schweren Depression zu liegen, und begreife nicht, dass ein Teil dieser Depression – sagen wir einmal 50 % – daher kommt, dass mein ganzer Körperhaushalt durch den Wetterwechsel einfach in den „Keller“ gegangen ist. Kürzlich wurde dieser Punkt sogar in der Tagesschau bei der Wetterkarte angesprochen.

Ein anderer Punkt, der dringend zu beachten ist: Ich habe in meiner Praxis mehrfach Patienten, vor allem Männer (wohlgemerkt!), gehabt, die unter schwersten Depressionen gelitten haben, ohne zu wissen, welcher äußere Anlass in ihrem Leben dazu geführt hat. Bei intensiven Tiefenentspannungsübungen mit dem Vorstellen von Tagtraumbildern hat sich herausgestellt, dass diese Patienten Horror- und Science-Fiction-Filme in ihrer Psyche absolut nicht verkraftet haben. Sie wurden erst, nachdem sie diese Bilder in einer therapeutischen Situation entsprechend durchgearbeitet hatten, von ihren Depressionen befreit. Also: Vorsicht vor Horrorfilmen, vor zu vielen Krimis und Action-Filmen und vor zu vielen Science-Fiction-Filmen. Ich bin vollkommen überzeugt, dass kein Mensch von seiner psychischen Belastbarkeit her diese Filme auf Dauer gut verträgt. Wenn

Vorsicht vor Horrorfilmen & Co.!

Sie Depressionen oder Angstzustände haben *wollen*, dann kann ich Ihnen nur empfehlen: Setzen Sie sich vor die „Glotze“, und gucken Sie einmal zwanzig Stunden lang solche Filme non-stop an. Dann werden Sie bestimmt unter solchen Zuständen leiden und können einmal erleben, wie das ist. Wir glauben alle, längst durch ständige Horror-Nachrichten so abgebrüht zu sein – Kinder und Jugendliche glauben das am allermeisten! –, dass uns das alles nichts mehr ausmacht. Irrtum! Das Ergebnis sehe ich in der Therapie. Sie brauchen nur einmal darauf zu achten, wie Sie schlafen, wenn Sie einen Horrorfilm gesehen haben. Und falls Sie sich Ihre Träume merken können, garantiere ich Ihnen, dass das Ergebnis des Horrorfilms in Ihrem Traum weiterwirkt und Ihre Psyche nachts Schwerstarbeit leistet, um diesen Wahnsinn zu verkraften.

Nun kommen wir zu depressiven Zuständen, die durch eine entsprechende Situation in unserem Leben entstanden sind, z.B. wenn eine Beziehung auseinander gegangen ist; oder man in einer Beziehung mit einem Partner lebt, die einen depressiv werden lässt. Dann versuchen Sie einmal, die Situation genau für sich anzuschauen. Schauen Sie ganz genau hin, was Sie da eigentlich gedrückter Stimmung macht. Sehr häufig ist es die Tatsache, dass Sie gegen Ihr eigenes Inneres leben. Vielleicht wissen Sie schon seit Jahren, dass der Partner, mit dem Sie zusammenleben, für Sie nicht der richtige ist, glauben aber, dass Sie der richtige Partner für den anderen sind, und halten deshalb die Partnerschaft aufrecht. In irgendeiner Weise leben Sie so wieder gegen sich selbst. Sie sind mit sich selbst nicht in Übereinstimmung; oder Sie haben sich selbst mit Ihren eigenen Wünschen, Bedürfnissen und Freuden aufgegeben, um eine Partnerschaft aufrechtzuerhalten. Sie haben sich vielleicht Ihrem Partner so angepasst, dass Sie so tun, als würden Sie nur noch seine Interessen teilen, obwohl Sie das alles – wenn Sie ehrlich sind – gar nicht interessiert. Ich will Ihnen gerne aus meiner eigenen Lebensgeschichte dazu ein Beispiel erzählen. Sieben Jahre lang hatte ich einen Freund, von dem ich glaubte, dass er der richtige Lebenspartner für mich sei. Ich selbst

Ist Ihr Partner der für Sie richtige?

Leben Sie nicht gegen Ihr Inneres.

hatte sehr viele Interessen im gesamten Musikbereich: Ich spielte jahrelang am Konservatorium Klavier, ich sang, ich hörte vor allem sehr gerne klassische Musik, probierte noch mindestens fünf oder sechs verschiedene andere Instrumente aus und hatte großen Spaß daran. Außerdem malte ich gern, interessierte mich natürlich entsprechend auch für Kunst und hatte eine große Vorliebe für Theater und Oper. Mein Freund hatte Interesse an Politik, Wirtschaft und Sport. Er konnte mit meinen Interessen überhaupt nichts anfangen und machte mir sehr deutlich, dass ihn das alles im Zusammenhang mit mir auch überhaupt nicht interessiere, oder er wertete mich damit ab. Um die Beziehung aufrechtzuerhalten, fing ich also nun brav an, meine ganzen Interessen auf Eis zu legen. Ich begann, mich für Politik, Wirtschaft und Sport zu interessieren. Ergebnis war, dass ich für ihn (aus Liebe!) zweimal am Tag Börsenberichte im Radio gehört und aufgezeichnet habe, während er an der Uni seine Vorlesungen hatte. Ich versuchte, mich mehr mit Politik zu beschäftigen (ich las fünf Zeitungen am Tag und wurde immer wütender, da über das gleiche Thema in fünf verschiedenen deutschen Tageszeitungen häufig völlig anders berichtet wurde). Ich regte mich über Bundestagsdebatten heillos auf (das kann mir heute noch passieren, weil ich einfach nicht verstehen kann, wie so viele Menschen auf einem Haufen ein so schlechtes Verhaltensmuster für unsere Jugend zeigen können: Je nachdem, wer dort einen Vortrag hält, klatscht immer nur die eine Partei. Die andere guckt gelangweilt zu, liest Zeitung oder redet mit einem Nachbarn. Ich hätte oft große Lust, dort einmal einen Vortrag zu halten und unsere lieben Politiker – mit denen ich nicht tauschen möchte – daher verurteile ich niemanden – zu bitten, doch einmal ihr Verhalten so zu verändern, wie sie es gerne von unserer jetzigen Jugend und den daraus werdenden Erwachsenen haben wollen. Aber dies nur am Rande.) Jedenfalls habe ich mich also mit viel Mühe für Politik und Wirtschaft zu interessieren versucht. Es hat mich tödlich gelangweilt, aber aus lauter „Liebe“ habe ich mich dazu gezwungen, diese Themen täglich über mich ergehen zu lassen. Das Einzige, was uns noch verband, war das Schwimmen, denn diese Sportart liebten wir beide. Das Ergebnis war, dass mir selbst immer langweiliger wurde, ich zunehmend weniger mit mir anzufangen wusste und mir auch reichlich minderwertig vorkam, da ich natürlich niemals bei irgendwelchen Diskussionen über Politik und Wirtschaft mithalten konnte, weil es mich ja im Grunde überhaupt nicht interessiert hat und ich damit einfach auch nichts anfangen konnte. Nach sieben Jahren war ich dann schwer depressiv und völlig „am Hund". Ich habe es dann mit sehr viel Mühe doch noch geschafft, diese Beziehung nach zwanzig gescheiterten Versuchen (ich beendete sie immer wieder und begann sie ein oder zwei Tage später wieder aus lauter Angst vor dem Alleinsein) endgültig aufzugeben. Dann stand ich erst einmal wie ein begossener Pudel da und brauchte jahrelang, bis mir wieder klar wurde, wer ich eigentlich bin. Diese Geschichte könnte ich Ihnen hundertfach mit Erzählungen von meinen lieben Patienten belegen, die sich alle ähnlich anhören.

1. Der Hauptfehler Nr. 1

Bewahren Sie Ihre eigene Persönlichkeit.

Viele Menschen geben sich selbst mit ihren ganzen Interessen auf, um eine Beziehung zu retten. Sie passen sich allem an, was der Partner für sich gerne hat. Dabei vergessen sie sich selbst mit allem, was ihre Persönlichkeit ausmacht, werden nur noch ein „Abziehbild“ des Partners. Die eigentliche Persönlichkeit verkümmert immer mehr.

2. Der Hauptfehler Nr. 2

Menschen warten darauf, dass das Schicksal ihnen den Märchenprinzen oder die Märchenprinzessin, die sie sich sehnlich wünschen, schickt. Es gibt viele Menschen, die depressiv sind, weil sie keinen Partner haben. Sie tun aber auch überhaupt nichts dafür, sich irgendwo der Welt zu zeigen, außer am Arbeitsplatz. Sie verschanzen sich in ihren Wohnungen, nehmen keinen Kontakt mehr zu der Umwelt auf, erwarten passiv, dass ein bzw. dieses Wunder geschieht, und werden durch das lange Warten von Tag zu Tag depressiver.

Warten Sie nicht auf ein Wunder.

Achten Sie immer, wenn Sie sich depressiv fühlen, darauf, in welcher Form Sie im Moment passiv sind. Denn die meisten depressiven Menschen verhalten sich passiv. Dies ist auch ein Grund, warum es in der Depressionstherapie so genannte Aktivitätsprogramme gibt. Diese helfen den Menschen, wieder aktiv zu werden. Das können Sie aber selbst in die Hand nehmen, wenn Sie sich ganz konkret zu Aktivitäten zwingen, d.h. Ihren gesamten Freizeitbereich einmal in Form eines Stundenplans mit klaren und konkreten Dingen ausfüllen, zu denen Sie sich zwingen, z.B. ins Freie gehen, Fahrrad fahren, eine halbe Stunde einkaufen gehen, sich in ein Café setzen, ins Kino gehen, Freunde anrufen. Hervorragend ist das Laufen, denn dabei wird das so genannte Glückshormon in Ihrem Körper ausgeschüttet, das Ihre allgemeine Stimmung mit Sicherheit positiv beeinflusst. Wissenschaftlich erwiesen ist als beste Sportart bei Depressionen: Schwimmen. Daher empfehle ich all meinen Patienten, die unter Depressionen leiden, zweimal in der Woche zum Schwimmen zu gehen – möglichst an so genannte Warmbadetagen (wenn es sich um ein Hallenbad handelt). Der Körper kommt beim Schwimmen in einen etwas schwereloseren Zustand. Wenn dann das Wasser auch noch eine angenehme Temperatur hat, erinnert das unser Unbewusstes an den Zustand, den wir einst im Uterus als Embryo erfahren haben. Dahin sehnt sich unser Unterbewusstsein offensichtlich immer wieder einmal zurück. Sie kennen sicher solche Formulierungen wie:

„Ach, einmal keine Verantwortung mehr für etwas tragen, einmal sich nur noch fallen lassen können und aufgehoben sein." Insofern ist solch ein „Bad" gleichwertig mit diesem „Erholungsprozess" und lässt Ihre Depressionen leichter verschwinden. Wenn keine Freunde vorhanden sind, erinnern Sie sich einmal an Ihre Schulzeit zurück und schauen Sie, dass Sie dort Kontakt aufnehmen. Wichtig ist, dass Sie etwas tun! Und hören Sie auf zu erwarten, dass der erste Kontakt, den Sie aufnehmen, schon gleich wieder die große Freundschaft wird. Wichtig ist, dass Sie überhaupt wieder unter Menschen kommen, denn Depressive ziehen sich häufig in ihr Schneckenhaus zurück und kultivieren ihre Depressionen regelrecht. Damit ziehen sie sich in einen Sog hinunter, aus dem sie dann irgendwann kaum mehr alleine herauskommen.

Ziehen Sie sich nicht in Ihr Schneckenhaus zurück.

Ein wichtiger Tipp ist auch der, dass Sie einmal bewusst „Drecksarbeit" machen in Ihrer Wohnung oder in Ihrem Auto. Es gibt Leute, die sind deshalb depressiv geworden, weil sie das Leben einfach nicht mehr voll anpacken.

Sie entschweben auf irgendwelche Wolken und warten und warten und warten – anstatt mit ihren Füßen wieder auf den Boden herunterzukommen und das anzufangen, was am einfachsten ist, nämlich den Boden im wahrsten Sinne des Wortes zu schrubben. Ich empfehle allen Patienten, die mit schweren Depressionen kommen, einmal ganz bewusst wieder zu putzen, ihre Wohnung durchzuforsten, die Schränke auszuräumen, einmal alles zu entrümpeln. Diese äußere Entrümpelung hilft sehr oft auch einer inneren Entrümpelung. Zu warnen ist hier allerdings davor, dass man „Putzen“ als tägliche Zwangshandlung einsetzt und meint, dann die Depressionen nicht so zu spüren. Das wäre wieder das andere Extrem, das es natürlich auch gibt: Menschen, die einfach nicht herausfinden wollen, warum sie depressiv sind, oder sich vor jeder Form von Auseinandersetzung scheuen, die häufig die Grundlage dafür wäre, eine Depression auf schnellem Wege los zu sein, flüchten sich manchmal in den Putzwahn. Es gibt Wohnungen, die sehen vor lauter Putzen wie ein unbewohntes Möbelhaus aus. Da ist „Leben“ nicht erlaubt.

Aufräumen und Entrümpeln hilft.

Viele der vorher erläuterten zehn Lernregeln helfen auch hier in entsprechenden Situationen, aus der Depression herauszukommen. Sie haben selbst immer genügend Möglichkeiten, sich aus dem Tief wieder herauszuziehen. Wichtig ist lediglich, dass Sie *aktiv* werden. Manchmal müssen Sie sich gerade in diesen Situationen wirklich zwingen, etwas zu tun, und zwar regelmäßig, wobei ein ganz konkreter Stundenplan für Ihre Freizeit am besten hilft. Schlüsseln Sie auf, was Sie alle halbe Stunde tun wollen, und Sie werden sehen, dass Sie einen wichtigen Schritt getan haben, um in eine bessere Stimmung zu kommen. Dies heißt nicht, dass Sie sich nun nur ablenken sollen, aber eine bestimmte Form von Aktivität ist einfach nötig, um auch mit einer depressiven Situation umgehen zu können. So entwickeln Sie genügend innere Aktivität, damit eine notwendige Auseinandersetzung, z.B. mit einem Partner, mit dem Chef oder mit wem auch immer, für Sie möglich wird.

Zwingen Sie sich zu Aktivitäten.

Wichtig bei Auseinandersetzungen ist grundsätzlich: Sprechen Sie von sich, sagen Sie z.B.

zu dem Menschen, mit dem es Schwierigkeiten gegeben hat: „*Ich* habe das Problem, dass ...“ oder: „*mich* verletzt, wenn du ...“ oder: „*Ich* werde wahnsinnig wütend, wenn du ...“ usw. Versuchen Sie, immer von sich selbst zu sprechen, d.h. Ihre Gefühle auszudrücken. Wenn Sie dem Partner mitteilen, dass er der größte „Depp“ dieser Welt ist, würden Sie bei ihm nur bewirken, dass er vermutlich mit der gleichen Reaktion, die Sie ihm entgegenbringen (siehe Bumerang-Effekt!), zurückschlägt, und dann wird die ganze Situation immer mehr hochgespielt, wie Sie es ja sicherlich schon erlebt haben. Also nicht angreifen, sondern ihm erklären, welches Problem Sie mit seinem Verhalten haben. Er sollte immer die Möglichkeit haben, das, was Sie erleben, für sich nicht als stimmig ansehen zu müssen. Oft kommt es ihm erst später, wie er sich anders verhalten kann, damit Sie sich besser fühlen. Wenn Sie ihn aber angreifen mit z.B.: „Du machst immer alles verkehrt“, wird er meist zum Gegenangriff übergehen.

Wichtigste Regel bei jeder Form von psychischer Störung: Achten Sie darauf, was Ihr eigenes Inneres Ihnen zu sagen hat. Jeder von uns kann Zugang dazu bekommen und jeder kann diesen Zugang intensivieren. Ich werde Ihnen – wie gesagt – am Schluss noch eine längere Übung dazu zeigen, die Ihnen (bei täglicher Übung!) helfen kann, immer mehr zu Ihrem Inneren zu kommen und die ganzen unglaublichen Kräfte, die in Ihnen sind, zu aktivieren und sie wirklich einmal für sich selbst nutzbar zu machen. Ein depressiver Mensch hat den Zugang zu seinem Inneren meistens restlos verloren; kleine Kinder haben ihn häufig noch am intensivsten von uns allen. Solange wir sie offen und ehrlich „sein lassen", können wir uns oft von dem, was sie durch ihr Inneres an Offenheit, Ehrlichkeit und Erkenntnis in der Beurteilung so mancher Lebenssituationen mitteilen, in Staunen versetzen lassen. Es gibt auch die Situation, dass sich ein Mensch pausenlos etwas vorlügt und dadurch depressiv wird. Werden Sie ehrlich zu sich selbst und zu anderen. Werden Sie stimmig mit sich selbst. Hören Sie auf Ihr eigenes Inneres und handeln Sie danach. Dann werden Sie nie mehr depressiv sein.

Seien Sie ehrlich zu sich und anderen.

6. Kapitel:

Ängste

Angsterkrankungen in verschiedener Form werden immer häufiger. Es ist mir in der therapeutischen Praxis aufgefallen, dass Angst, egal welcher Art sie ist, immer etwas mit Einengung zu tun hat; nicht umsonst kommt das Wort Angst von „angustus“ (lateinisch = Enge). Keine Angst! Das war das einzige lateinische Wort, das in diesem Buch vorkommt. Ich habe mich selbst neun Jahre lang auf der Schule mit Latein herumgequält und wegen dieses Faches dreimal die Schule in eine immer etwas leichtere gewechselt, um zu verhindern, noch ein Jahr länger als unbedingt nötig diese Qualen durchzustehen. Wenn Sie also Ängste haben, dann überprüfen Sie zuallererst:

1. Was engt mich in meinem Leben ein? Womit enge ich mich möglicherweise selbst ein?

Wir haben vorher schon das Beispiel gehabt, dass ein Mensch sich einem anderen zu sehr anpasst in der Hoffnung, dadurch eine Beziehung aufrechterhalten zu können. Allein solch eine Situation kann auch zu massiven Angstzuständen führen, weil ich mich dabei einenge. Ich lebe nicht mich selbst, ich lebe das Leben eines anderen und enge meine eigenen Möglichkeiten, meine Kreativität, mein ganzes Sein ein. Ich weiß bald gar nicht mehr, was ich selbst gerne tue oder mag und verliere häufig durch solch eine Überangepasstheit mit der Zeit mein ganzes Selbstbewusstsein. Ich traue mir selbst nichts mehr zu, weil ich mich in dem, was ich bin, mag, kann etc. nicht mehr „bewähre". Wenn ich z.B. gerne Klavier spiele, „bewähre" ich mich jedes Mal von neuem, wenn ich dieses Instrument spiele. Wenn ich

Sich anpassen heißt sich einengen.

es nicht mehr spiele – weil mein Partner z.B. damit nichts anzufangen weiß –, verlerne ich es mit der Zeit und verliere damit ein wichtiges Moment der Selbstbestätigung. Übrigens: Jeder Mensch braucht Selbstbestätigung, und diejenigen, die damit prahlen, dass sie sie nicht bräuchten, brauchen sie am dringendsten!

Ein anderes Beispiel: Eine Patientin hatte panikartige Ängste, dass sie ihre Kinder umbringen könnte, obwohl sie sie sehr liebte. Bei der genaueren Frage, was sie denn einenge mit den Kindern, kam heraus, dass aufgrund des Erziehungsrates einer Freundin, ihren Kindern unbedingt nur antiautoritäre Erziehung angedeihen zu lassen (um eine besonders gute Mutter zu sein!), sie sich entsprechend „alles gewährend“ den Kindern gegenüber verhielt. Ergebnis war, dass die Kinder ihr auf der Nase herumtanzten, dass sie kaum mehr wusste, wie sie allein den Lärm, den die Kinder verursachten, aushalten sollte. Sie bekam zusehends keine Luft mehr (traute sich aber nicht, etwas zu sagen, da sie ja dann möglicherweise eine „schlechte“ Mutter gewesen wäre), verkrampfte sich immer mehr und bekam Panikattacken. Sobald diese Patientin dann begann, ihre Kinder fest in die Hand zu nehmen, in liebevoller Weise streng mit ihnen umzugehen, Regeln aufzustellen und diese auch konsequent durchzuführen, haben sich die Kinder relativ schnell an das völlig andere Verhalten ihrer Mutter gewöhnt und es akzeptiert (wie früher in diesem Buch auch schon mitgeteilt: Kinder brauchen einfach einen klar abgesteckten Rahmen, innerhalb dessen sie sich sicher, wohl und auch geborgen fühlen können!). So ging es der Patientin nach kurzer Zeit wieder wesentlich besser. Der Kontakt mit den Kindern war von beiden Seiten wesentlich liebevoller – wenn auch strenger –, und die Panikattacken waren verschwunden. Kein Gedanke mehr daran, die Kinder umzubringen, sondern gerne mit ihnen zusammen zu sein. Und wenn ihr etwas zu viel wurde, teilte sie das entsprechend mit.

2. Was mache ich, wenn ich große Ängste vor dem Alleinsein habe?

Wenn Sie große Ängste vor dem Alleinsein haben, dann lernen Sie (wie schon ausführlich erläutert), sich besser um sich selbst zu kümmern. Dies allein hilft sehr, mit den Ängsten vor dem Alleinsein und vor der Einsamkeit besser fertig zu werden. Viele Menschen erwarten, dass ihr Leben durch andere gelebt wird bzw. dass ihr Leben erst dann glücklich werden kann, wenn der Mensch, den sie dazu „brauchen“, auf der Bildfläche erschienen ist, aber die meisten vergessen, dass selbst, wenn dieser Märchenprinz oder diese Märchenprinzessin auftaucht, dieser Mensch sich nach einiger Zeit als ganz normaler Mensch entpuppt – und was dann?

Viele Menschen glauben, dass Liebe nur der Abschnitt des Verliebtseins ist. Sie sind der Ansicht, wenn das Verliebtsein vorbei ist, dann ist alles aus. Sie begreifen nicht, dass das Verliebtsein immer nur der Beginn einer

Beziehung sein kann, wenn beide sich sehr mögen. Solange es noch aufregend ist, ob ich den anderen und wann ich ihn sehen kann oder ob und wann er anruft, lebe ich in dieser „herrlichen" Verliebtheitsunruhe. In dem Moment, in dem sich beide sehr oft und regelmäßig treffen oder später sogar vielleicht zusammen wohnen, ist die Spannung einfach weg, die am Anfang da war. Der Zustand des Verliebtseins hält nur so lange an, wie Sie keine selbstverständliche Regelmäßigkeit mit dem Partner leben können, d.h., solange Sie sich z.B. nicht täglich sehen.

Für eine tragfähige Beziehung ist aus meiner Sicht nötig, dass jeder für sich ein eigenständiges Leben lebt, d.h. seine Interessen weiterverfolgt, egal ob diese auch die Interessen des Partners sind. Im besten Falle kann man sich gegenseitig anregen, aber man darf nie erwarten, dass der Partner alles erfüllen kann, was man sich im Leben wünscht. Ich habe in der Praxis häufig die Erfahrung gemacht, dass vor allem Menschen, die eine sehr schwere Kindheit gehabt haben, in der sie z.B. so gut wie keine Liebe bekommen haben, später von ihrem Partner erwarten, dass dieser ihnen diesen Mangel vollkommen ausgleicht. Damit ist jeder Partner überfordert und wird sich dann auch entsprechend zurückziehen, was wiederum häufig als „Nicht-Liebe" ausgelegt wird und wieder nur zu schweren neuen Enttäuschungen führen kann. Der einzige Mensch, der eventuelle Mangelerscheinungen aus Ihrer Kindheit beheben kann, sind immer nur Sie selbst. Lernen Sie, zunehmend besser für sich selbst zu sorgen. Fragen Sie sich jede halbe Stunde: Was möchte ich jetzt eigentlich, wonach ist mir zumute, und prüfen Sie das genau. Sie werden sehen, Sie können sich wesentlich mehr Wünsche erfüllen, als Sie bisher geglaubt haben. Wichtig ist, dass Sie sich überhaupt bewusst werden, was Sie jeweils gerne möchten. Dabei geht es nicht um die großen Dinge wie viel Besitz usw., sondern es geht um die kleinen Dinge des Alltags. Nehmen Sie sich wirklich einmal für die nächsten Tage vor, dass Sie sich jede halbe Stunde, auch am Arbeitsplatz, fragen: Wonach ist mir jetzt am meisten zumute?

Kümmern Sie sich selbst um sich.

Lernen Sie Ihre Wünsche kennen.

Viele Menschen merken überhaupt nicht, dass sie nach der Arbeit, z.B. nach einem anstrengenden 8-Stunden-Tag, ganz einfach müde sind und dass es das Gescheiteste wäre, sie würden sich eine halbe Stunde flachlegen, egal ob sie dabei schlafen können oder nicht. Sich einmal hinzulegen und abzuschalten ist ein sehr bewährtes Mittel, um den Abend dann wieder mit frischen Kräften gestalten zu können. Statt dessen würgen sie ihre Müdigkeit ab und quälen sich oft mit Überaktivitäten bis zur Erschöpfung herum. Berühmt sind hier die neuen „Fitnessoholiker“! (Das sind die Menschen, die meinen, täglich mindestens drei Stunden ihrer Freizeit damit verbringen zu müssen, ihre Muskeln zu stählen.) Männer wie auch Frauen entwickeln daraus mittlerweile wieder eine neue Sucht, werden fast krank, wenn dies einmal einen Tag lang nicht geht, und wundern sich dann noch, dass ihre sexuelle Potenz abnimmt. (Dies ist häufig der Fall, weil der ganze Fitnesswahn – in dieser extremen Form durchgeführt – schon wieder eine zusätzliche Überforderung ist, die neben der gesamten Stresssituation des Alltags häufig z.B. zu Potenzstörungen führt.)

3. Sexualprobleme

Hier sind wir bei einem wichtigen Thema angelangt, das sehr oft in der Praxis auftaucht, wenn es um Ängste geht, nämlich Sexualprobleme in der Partnerschaft. Es gibt häufig Situationen, in denen z.B. Frauen (neuerdings sind es auch Männer) sich von den z.T. übersteigerten Bedürfnissen des Partners nach sexuellem Miteinandersein unangenehm bedrängt und dadurch wiederum eingeengt fühlen. Um nicht Nein sagen zu müssen, werden dann Krankheiten vorgetäuscht oder mit der Zeit auch tatsächlich empfunden. Der Partner, der nicht „will“, ist oft „überreizt“ in Bezug darauf, dass er schon bei jedem „Muckser“ des Partners ein sexuelles Begehren vermutet, und hat gleich die neuesten oder die alt „bewährten“ Ausreden parat oder produziert mit aller Kreativität so lange eine vorgetäuschte Migräne o.ä., bis es ihm tatsächlich schlecht geht (der Bumerang-Effekt ist mal wieder zur Stelle!).

Solche ständige Wachsamkeit in Bezug auf mögliche sexuelle Übergriffe des Partners erschöpfen und engen uns nach und nach immer mehr innerlich ein. Das kann ebenfalls in Angstzustände ausarten, von denen man oft lange nicht weiß, wo sie eigentlich herkommen.

Zu diesem Thema möchte ich noch ausführlicher werden.

Wir haben seit ca. 1980 eine erhebliche Veränderung im gesamten sexuellen Bereich erlebt. Mittlerweile ist es ja so, dass ein Kleinkind neben der Micky Maus in der Tankstelle schon das Pornoheft sieht. Das bedeutet, schon unsere Kinder werden täglich mit sexuellen Reizen bombardiert, entweder in Geschäften oder bei Reklame im Fernsehen – und alle meinen: Das macht doch dem Kind nichts aus. Die Naivität sehr vieler Erwachsener dabei ist erschreckend. So machen sich auch viele Eltern keinerlei Gedanken, wenn ihre zehn-, elfjährigen Kinder in ihrer Abwesenheit die Pornofilme anschauen, die sich die Erwachsenen aus den Videotheken holen. Ich werde nie ein fünfjähriges Mädchen vergessen, das in einem Kindergarten bei einem Sommerfest im Sandkasten nach einer Musik einen regelrechten Striptease mit Körperbewegungen, die sie vermutlich einem entsprechenden Videofilm zu Hause abgeschaut hatte, aufführte. Das Ergebnis dieser sexuellen Reizüberflutung ist unter anderem, dass unsere Jugend aus meiner Sicht heute viel zu schnell miteinander ins Bett geht. Die Folge davon ist, dass der Zustand des Verliebtseins, der eh schon für die meisten viel zu kurz ist, noch mehr abgewürgt wird – falls er überhaupt noch die Möglichkeit hat zu entstehen. Dies ist auch ein häufiges Thema in der Praxis: Mädchen und Frauen lassen sich von Männern immer wieder dazu überreden, sehr schnell mit ihnen ins Bett zu gehen. Kaum hat aber der Partner das erste schnelle sexuelle Erleben hinter sich, lässt er die Partnerin wieder fallen. Ich habe in der Praxis häufig Männer erlebt, die mir dieses mangelnde Interesse an einer Frau, mit der sie sehr schnell ins Bett gehen, immer wieder bestätigen konnten.

Die Enttäuschung ist dann natürlich vorprogrammiert, da diese Frauen meistens denken, dass dies nun der ideale Partner sei und sie ihn nur dadurch „halten“ könnten, dass sie auf sein sexuelles Verlangen sofort eingehen. Ich möchte ihnen manchmal so gern zurufen: „Lasst euch doch Zeit!“ Meine Devise ist stets: Jeder soll nach seiner Façon selig werden! Aber die Ergebnisse meiner Praxis zeigen doch immer wieder, dass manche Leute gut daran täten, sich einmal an solche Empfehlungen zumindest kurzzeitig zu halten, um auszuprobieren, ob diese nicht doch günstig für ihr Leben sind.

Lassen Sie sich Zeit.

Ebenso wie es die neuen „Fitnessoholics“ gibt, gibt es die „Sexoholics“! Es scheint immer mehr Mode zu werden, dass man die sexuelle Potenz bis aufs Äußerste strapaziert. Als Ergebnis spüren diese Leute ihre anschließende Einsamkeit durch das totale Sich-Auspowern – mit mangelndem Gefühl auf beiden Seiten der Partner – zunehmend mehr und geraten dadurch wieder in neue Depressionen.

Es ist immer wieder dasselbe: In dem Moment, in dem ich nicht stimmig mit mir selbst lebe, programmiere ich vor, dass ich in irgendwelche psychischen Schwierigkeiten hineinkomme, die letztendlich z.B. in Depressionen oder Ängsten enden können.

4. Die Angst vor dem Altwerden

Schon seit etwa zwanzig Jahren weiß man in Amerika (es ist für mich erstaunlich, dass es in unserer Chip-Zeit, in der ja eigentlich Informationen nicht einmal mehr durch den Tageszeitunterschied der einzelnen Länder geprägt sind, immer noch zwanzig Jahre dauert, bis diese Informationen dann bei uns gelandet sind), dass die Gehirnzellen des Menschen bis ins höchste Alter hinein zunehmen, auch wenn es richtig ist, dass im Alter viele Zellen abgebaut werden. In Amerika hat man damit z.B. in Altersheimen sehr positive Erfahrungen gemacht. Ich habe vor Jahren einen spannenden Film gesehen über eine solche Studie in einem Altersheim. Dort waren Menschen im Alter von ca. 70 bis 103 Jahren. Auffällig an all diesen Menschen war, dass sie sehr gepflegt waren, kaum Probleme mit dem Laufen hatten, normal gut sprachen und geistig wie körperlich rege waren. In diesem Heim hat man sich diese Erkenntnis, dass Gehirnzellen

Neue Gehirnzellen entstehen bis ins höchste Alter.

bis ins höchste Alter hinein immer wieder neu produziert werden, zunutze gemacht und die Menschen dazu bewogen, sich nach bestimmten Programmen, die den ganzen Tag über durchgeführt wurden, geistig und körperlich aktiv zu halten. So wurden täglich Sprachkurse in lockerer Form durchgeführt, eine leichte Sportart ausgeübt oder abends Tanzveranstaltungen innerhalb des Hauses besucht. Sie haben alle intensiv und aktiv mitgeholfen bei den Gartenarbeiten, die letzten Endes das Gemüse und den Salat auf den Tisch brachten, haben sich alle sehr gut gepflegt, weil sie ja auch immer wieder miteinander in Kontakt waren, und haben bei allem sehr viel Spaß und Freude miteinander gehabt. Ich habe noch nie in einer Gemeinschaft so viele alte Menschen gesehen, die bis ins höchste Alter hinein aktiv waren, in wunderbarer Weise miteinander gesprochen haben, selbstverständlich ihre Altersfalten im Gesicht trugen – aber diese mit Stolz (ohne Lifting!) – und sich trotz ihres Alters ganz enorm vergnügten. Der Älteste mit 103 Jahren spielte Klavier wie ein junger Gott.

Auch bei uns finden wir immer wieder solche Menschen. Wenn Sie z.B. Interviews mit alten

Schauspielern hören oder sehen, können Sie feststellen, dass diese fast immer sehr gut reden – auch wenn sie schon über 80 sind –, geistig voll aktiv sind und meistens auch für ihren Körper immer sehr viel getan haben und tun. Diese Schauspieler sind für uns insofern Vorbilder, als sie oft eben bis ins hohe Alter hinein ihre Rollen auswendig lernen. Allein diese Lernprozesse fördern die geistige Aktivität und verhindern damit einen geistigen Abfall. Wenn ich nun begreife, dass ich einen geistigen und körperlichen Abfall dadurch verhindern kann, dass ich in beiden Bereichen bis ins höchste Alter hinein aktiv bleibe, brauche ich auch keine Angst mehr vor irgendwelchen Alterungsprozessen zu haben. Wenn ich mich aber oft schon in jungen Jahren vor dem Altwerden fürchte, programmiere ich diese Angst wiederum wie einen Bumerang in meine Zukunft und bekomme dann, weil ich mich darauf eingestellt habe, natürlich Alterungserscheinungen, gewisse „Zipperlein“, wie das dann so hübsch benannt wird, und oft auch schwere Krankheiten.

Bleiben Sie bis ins höchste Alter aktiv.

Denken Sie immer daran: So wie Sie heute denken, programmieren Sie Ihre Zukunft! Ihre Gedanken sind ganz enorme Kräfte. Ich bin überzeugt davon, dass wir die Intensität meistens unterschätzen. Es gilt zu lernen, dass wir diese gedanklichen Kräfte im Positiven ausnützen und unsere Zukunft über unsere Gedanken in positiver Weise einfach vorprogrammieren können. Wenn Sie Positives denken, ziehen Sie Positives an; wenn Sie Negatives denken, bietet Ihnen der Bumerang negative Ergebnisse. Wenn Sie sich darauf einstellen, dass Sie bis ins höchste Alter ein aktives Leben weiterführen wollen – sowohl geistig als auch körperlich – und sich danach richten, brauchen Sie vor dieser Zeit wirklich keine Angst zu haben.

Programmieren Sie Ihre Zukunft positiv.

5. Die Angst vor der Zukunft

Vor zwanzig bis dreißig Jahren haben viele Hellseher Katastrophen vorausgesagt, die jetzt innerhalb der vermutlich nächsten fünf bis zehn Jahre auf dieser Erde eintreten werden oder z.T. schon kräftig im Gange sind. Mittlerweile brauchen Sie dazu keine Hellseher mehr. Tausende von Maschinen, die unsere Wissenschaftler in Bezug auf Vorausberechnungen, z.B. von vulkanischen Tätigkeiten, einsetzen, sagen uns heute, wann wir mit welchen Katastrophen rechnen müssen. Diese Tatsachen können wir nicht leugnen; wir werden ja auch täglich durch die Medien damit konfrontiert. Wir können Kriege und Katastrophen hautnah im Fernsehen mitverfolgen, wie seinerzeit sechs Wochen lang den Golfkrieg – Tag und Nacht, was erst einmal, in aller Absurdität, verkraftet werden muss.

Anpassungsfähigkeit bewusst einsetzen

Ich halte es für wichtig, dass wir lernen, unser „Chamäleon-Dasein“, d.h., unsere unglaubliche Anpassungsfähigkeit, ganz bewusst einzusetzen. Wir können damit schon bei den Klimaveränderungen anfangen, die uns in den letzten zehn Jahren zu schaffen machten und die uns, u.a. in Verbindung mit dem wachsenden Ozonloch, auch weiterhin Schwierigkeiten bereiten werden.

Ich bin überzeugt davon: Wenn wir lernen, mit diesen Dingen umzugehen, uns entsprechend anzupassen, werden wir das auch gut durchstehen. Sicher sind auch Sie schon bei extremen Temperaturschwankungen (innerhalb von ein paar Stunden 20 °C Unterschied) plötzlich sehr müde geworden. Beobachten Sie sich einmal, und verhalten Sie sich dann entsprechend den Bedürfnissen Ihres Körpers. Legen Sie sich, wenn möglich, zwischendurch oder zumindest nach der Arbeit hin; verzichten Sie auf das, was Sie eigentlich vorhatten; setzen Sie sich keinem Stress aus, den Sie sich nur selbst machen!

Sie werden merken, dass Sie diese Schwankungen dann auch viel leichter wieder ausgleichen können. Wenn Sie aber evtl. geplante Aktivitäten ausführen, obwohl Sie viel zu müde dazu sind, vergrößern Sie den Stress, den Sie schon tagsüber hatten, und dies kann dann zu allgemeinen Depressionen und Ängsten führen.

Ich möchte Sie einladen, dazu jetzt eine nützliche Übung zu machen, die Ihnen helfen kann, mit Ihrem Leben besser fertig zu werden. Stellen Sie sich einmal vor, dass sich in fünf Jahren auf unserer Erde manches verändert hat. Dinge, die uns heute noch selbstverständlich sind, wie z.B. Auto fahren, reisen, telefonieren, eine warme Wohnung, fernsehen usw., sind dann vielleicht nicht mehr möglich. Ich spreche hier nicht von Weltuntergang, weil ich das für einen Unsinn halte, aber wir wissen alle, dass Veränderungen auf uns zukommen, und ich denke, wir sollten uns darauf einstellen und aus jeder Minute unseres Lebens das Bestmögliche machen. Ich bin aber überzeugt davon, dass es uns besonders dann gelingt, wenn uns klar wird, dass vielleicht irgendwelche Dinge mal ein Ende haben, d.h., dass ich lerne, meinen heutigen Tag viel bewusster auszunützen, als ich es bisher getan habe. Also: Versuchen Sie sich noch einmal vorzustellen: Wir sind fünf Jahre weiter, und von heute auf morgen hat sich unser Leben verändert, weil es diese ganzen üblichen gewohnten Annehmlichkeiten einfach nicht mehr gibt. Es gibt z.B. kein Öl mehr, d.h. Ihr Auto steht herum, Sie können nicht mehr Auto fahren, Sie können nicht mehr in der Weltgeschichte herumfliegen, es gibt wesentlich weniger zu essen als bisher usw. Und dann schauen Sie einfach noch einmal zurück, auf die letzten fünf Jahre ab heute, und überlegen Sie: Was wünschen Sie sich denn, was Sie in diesen fünf Jahren für sich alles erlebt und gemacht haben? Dinge, die Ihnen wichtig waren und von denen Sie das Gefühl haben, dass Sie diese fünf Jahre wirklich gut für sich gelebt und auch im positiven Sinne ausgenützt haben. Überlegen Sie mal, was das alles ist. Legen Sie einfach einmal dieses Buch wieder beiseite, und denken Sie fünf Minuten nach. Was wünschen Sie sich vom Leben in den nächsten fünf Jahren, was möchten Sie alles tun, wie soll Ihr Leben im besten Fall gestaltet sein – und versuchen Sie jetzt nicht, Luftschlösser zu bauen, sondern einfach einmal mit den Möglichkeiten, die Sie im Moment haben, zu ex-

Bauen Sie keine Luftschlösser.

perimentieren. Es gibt viele Menschen, die ihr ganzes Leben lang rackern und schuften, um sich irgendwelche „Schlösser“ zu bauen, damit sie dann, wenn sie einmal nicht mehr arbeiten, endlich anfangen können zu leben. Das Ergebnis davon ist häufig, dass diese „Lebenszeit“ oft nur noch sehr kurz ist. Wie oft sterben Leute ganz plötzlich kurz nach ihrer Pensionierung, und wie oft haben gerade diese Menschen vorher nur darauf hingelebt, nach ihrer Pensionierung Urlaube zu machen, sich einmal etwas zu gönnen etc. Diese Lebenseinstellung ist zwar im Laufe der letzten zehn bis zwanzig Jahre etwas zurückgegangen, aber sehr viele von uns schränken sich immer noch sehr ein, um irgendwann einmal in zehn oder zwanzig Jahren besser leben zu können. Ich bin überzeugt davon, dass das gerade in der heutigen Zeit ein absoluter Irrtum ist. Es geht darum, aus dem heutigen Tag, aus dem laufenden Jahr das Bestmögliche zu machen, das, was machbar ist und was Ihnen Freude macht. Fangen Sie an, Ihr Leben in neuer Weise zu nutzen, die Schönheiten dieses Lebens in neuer Weise zu betrachten und sich

Machen Sie heute das Beste aus Ihre Leben!

daran zu erfreuen. Denken Sie z.B. nicht: „Na ja, in zehn Jahren wird mir dann schon der Partner über den Weg laufen, den ich mir eigentlich wünsche“, sondern gehen Sie offener auf Ihre Mitmenschen zu und seien Sie kontaktfreudig. Zu diesem Thema fällt mir ein, dass ich sehr häufig Patienten dazu bewogen habe, Anzeigen in die Zeitung zu setzen in Bezug auf einen Interessenspartner für ein bestimmtes Hobby. Durch solche Kontakte haben sich schon viele sehr nette Freundschaften ergeben, die nicht unbedingt Partnerbeziehungen werden mussten, die aber den Menschen das Leben, das sie führten, mit neuer Freude erfüllt haben. Übrigens: Mit einer Anzeige vergeben Sie sich ja nichts, wenn Sie diese unter einer Chiffre-Nummer erscheinen lassen. Schauen Sie einfach die Post, die Sie daraufhin bekommen, durch, und überlegen Sie dann erst, ob davon jemand Ihren Wünschen entspricht.

6. Die Angst vor dem Tod

Im Laufe meiner langjährigen Praxis ist mir ganz klar geworden, dass hinter jeder Form von Angst, egal, wie sie aussehen mag, immer auch die Angst vor dem Tod steckt. Daher ist eine Therapie, ohne dieses Thema behandelt zu haben, nur bruchstückhaft. Haben Sie keine Angst, sich damit auseinander zu setzen, sondern freuen Sie sich darauf.

Der Tod ist die Krönung des Lebens.

Es gibt nichts Schöneres als den Tod. Er ist die Krönung des Lebens, davon bin ich mittlerweile überzeugt. Ich will Ihnen gerne ein paar Beispiele nennen, die mich zu dieser Meinung gebracht haben. Wie schon erwähnt, habe ich zehn Jahre lang in einer neurologischen Klinik für hirngeschädigte Erwachsene nach Autounfällen, Schlaganfällen, Gehirntumoren gearbeitet. Ich habe zwei Jahre gebraucht, bis ich es geschafft habe, mit diesen unglaublich schweren Schicksalen, die die Patienten mit sich herumschleppten, selbst innerlich fertig zu werden, sodass ich überhaupt wieder normal schlafen konnte.

Und ich muss dazu sagen, dass ich „Patienten“ gewöhnt war, da meine Eltern beide Chirurgen waren und ich dadurch von Kind auf viel mit Patienten, Krankenhäusern usw. in Kontakt kam. Ich war es also gewöhnt, mit kranken Menschen umzugehen, sodass diese mir auch keinen Schrecken einjagten, egal wie entstellt sie vielleicht durch einen Unfall auch aussahen. Trotzdem hatte ich große Schwierigkeiten, die schweren Schicksale so vieler Menschen zu verkraften. Diese Menschen hatten zum Beispiel als Ergebnis von einem Schlaganfall schwere Sprachstörungen, Halbseitenlähmungen oder nach einem Autounfall schwere Kopfverletzungen, bei denen manchmal auch deutlich sichtbar eine Entstellung des Gesichts oder einer Kopfhälfte zu sehen war, oder sie mussten nach einem Unfall Ihr Leben im Rollstuhl verbringen – bei gleichzeitiger deutlicher Einschränkung der gesamten geistigen Leistungsfähigkeit. Sie alle hatten zu lernen, dieses Schicksal zu akzeptieren. Mir ist aufgefallen, dass die einzigen Menschen, die diese schweren Langzeitschäden einigermaßen gut verkraftet haben, immer diejenigen waren, die aus ihrem Glauben an Gott ihre Kraft schöpften. Von da ab begann ich, meine ursprünglich kindliche Religiosität, die ich ca. 10 Jahre lang „auf Eis gelegt“ hatte, langsam wieder zu erneuern.

Außerdem gab es Patienten, die mir manchmal im Vertrauen erzählt haben, dass sie im Zustand des klinischen Todes, in dem sich viele Patienten unmittelbar nach ihren Unfällen, Schlaganfällen usw. befanden, erstaunliche Erlebnisse hatten. Für mich war am verblüffendsten, dass sich die Erlebnisse der Patienten, die mir innerhalb von zehn Jahren berichtet wurden, alle miteinander deckten, obwohl die Patienten sich ja überhaupt nicht kannten. Heute gibt es mittlerweile genügend Bücher, die über solche Erfahrungen berichten, und sogar in Illustrierten kann man immer wieder davon lesen.

So erzählte mir ein Patient, der nach einem Autounfall klinisch tot war, wie die Ärzte bestätigten (er kam ca. eine halbe Stunde später zum Leben zurück), dass er das gesamte Unfallgeschehen aus einer Höhe von etwa drei Metern betrachtet habe. Er habe dabei weder Schmerz noch sonst irgendetwas Unangenehmes empfunden, sondern wie in einem

Schwebezustand von oben sich selbst unten auf dem Boden blutüberströmt liegen gesehen. Ebenso habe er die Menschen, die zu diesem Geschehen dazukamen, – wie Passanten, später Notarzt, Sanitäter und sonstige – erkennen können. Er sah, was diese Leute anhatten, er hörte, was sie sprachen, er konnte sogar die Gedanken der Menschen, die um diesen Unfall herumstanden, aufnehmen. Nachdem er wieder zum Leben zurückkam, hat er sich anschließend getraut, diese Erlebnisse den Leuten mitzuteilen, die darüber sehr erschrocken waren, weil sie ihn ja für tot gehalten hatten. Dieser Mensch konnte allen berichten, was sie gesagt und gedacht hatten, was sie angehabt und wie sie gehandelt hatten und dass z.B. ein Sanitäter gesagt hatte: „Der ist doch eh schon tot, was wollen Sie da noch?“ oder dass eine am Unfallgeschehen Mitbeteiligte, der aber außer einem Schock nichts passiert war, angefangen hatte, in Gedanken für den vermeintlich Verstorbenen einen Rosenkranz zu beten. Außerdem erlebte dieser Mensch, dass er in diesem Zustand des gleichzeitigen Wahrnehmens verschiedener Dinge, was uns normalerweise nicht möglich ist, auch ein sehr angenehmes Gefühl von liebevoller Umgebung um sich herum erlebte, das sich in Form einer Lichtgestalt darstellte, die auf ihn Liebe ausströmte in einer Weise, wie er es in seinem ganzen Leben noch nie erlebt hatte. Es kamen dann, wie aus der Ferne, bereits verstorbene Verwandte wie sein Vater und seine Großmutter zu ihm, begrüßten ihn herzlich, teilten ihm aber mit, dass es noch nicht seine Zeit wäre, mit ihnen zu gehen. Dieser Bericht hat sich in der Art des Geschehens xfach wiederholt bei Patienten, die klinisch tot gewesen waren. Ich habe von allen inhaltlich dasselbe gehört, nämlich dass der Zustand des Totseins etwas Wunderbares für diese Menschen gewesen ist. Sie haben ein Gefühl von sie wohlwollend umgebender Liebe und Harmonie gespürt, wie sie es in ihrem Leben nie erlebt hatten, haben dabei keinerlei körperliche Empfindungen wie etwa Schmerzen gehabt und haben häufig Kontakt mit bereits Verstorbenen erlebt, wobei diese in ihrer Gestalt so beschrieben wurden, wie man sie vom Fernsehen oder aus Filmen, z.B. aus dem „Spukschloss im Spessart" her kennt. Dort gibt es Szenen, in denen Geister in einem Schloss herumtanzen. In der gleichen Form haben diese Menschen ihre Verstorbenen gesehen, in ihnen bekannten Kleidungsstücken und in der gleichen Gestalt wie im Leben, aber in irgendeiner Weise durchsichtig.

Alle Patienten – bis auf Leute, die versucht haben, durch Selbstmord ihrem Leben ein Ende zu setzen (darauf komme ich gleich noch) – berichteten, dass sie auf keinen Fall mehr in das normale Leben zurückkehren wollten, sondern am liebsten „dort" geblieben wären, weil dieser Zustand so wunderbar gewesen wäre. Sie hätten aber den Auftrag bekommen, auf der Erde in ihrem normalen menschlichen Leben noch bestimmte Dinge zu erledigen bzw. in unserer Sprache jetzt: Lernerfahrungen zu machen, bevor sie in dieser geistigen Welt weiterleben würden.

7. Selbstmord? Na ja, wenn Sie unbedingt wollen, dass es Ihnen „dann" noch schlechter geht als bisher, dann bitte!

Ich möchte Ihnen von einem Patienten erzählen, der auch mit schweren Hirnschäden in diese Rehabilitationsklinik kam, in der ich arbeitete. Er hatte versucht, sich das Leben zu nehmen, indem er sich mit Auspuffgasen aus seinem Auto vergiften wollte. Dies ist ihm fast geglückt. Auch er war schon klinisch tot und kam dann nach einiger Zeit mit schwersten, nicht mehr korrigierbaren Hirnschäden auf die Erde zurück. Er erzählte mir im Laufe der Psychotherapie, die ich mit ihm durchführte, dass er aus dem Leben scheiden wollte, weil er seine Lebenssituation nicht mehr ausgehalten habe. Seine Frau habe einen Liebhaber gehabt, und diesen Zustand hätte er einfach nicht ertragen können. Als er aber in seinen Augen endlich sein Leben beendet hatte und damit dem ganzen „Wahnsinn" glaubte entkommen zu sein, erlebte er genau das Gegenteil, nämlich dass er wie ein Gespenst (d.h. für die anderen unsichtbar) geistigerweise überall dort war, wo seine Frau sich aufhielt. So musste er ständig mit ansehen, wie seine Frau sich mit ihrem neuen Liebhaber abgab, mit ihm schlief usw. Dieser Zustand sei für ihn die Hölle gewesen, und er hatte keinerlei Aussicht, von diesem Zustand des ständigen Mitanschauens dessen, wovor er ja eigentlich geflüchtet war, indem er Selbstmord begehen wollte, wegzukommen. Im Gegenteil, er war wie an diesen Zustand gekettet. Außerdem konnte er „herumtoben" wie er wollte – keiner nahm ihn wahr!

Solche und ähnliche Berichte habe ich selbst mehrfach von Leuten gehört, die Selbstmordversuche begangen haben und dann nach einem Zustand des klinisch Totseins wieder ins Leben zurückkamen, und habe sie mittlerweile auch in Büchern z.B. von Moody (Leben nach dem Tod, 2. Teil) gelesen.

Der Gedanke an Selbstmord ist aus meiner Sicht ein Gedanke, den jeder Mensch irgendwann einmal in seinem Leben hat. Das ist ja unsere große Freiheit, unser Leben hier zu leben oder es auch z.B. auf diese Weise aufzugeben. Es ist auch etwas ganz Normales, dass man manchmal im Leben in einem psychischen Zustand ist, in dem man überhaupt nicht mehr weiter weiß und dann das Gefühl hat, der einzige Ausweg, um dem Ganzen zu entrinnen, sei Selbstmord. Ich verurteile niemanden, der solche Gedanken hat oder meint, einen solchen Schritt auch gehen zu müssen. Aber ich möchte Ihnen allen mitteilen, dass Sie ab jetzt, falls Sie je solch einen Schritt gehen sollten, im „Nachhinein" nie mehr sagen können, Sie hätten nicht gewusst, dass Sie sich für ein Leben „danach" entschieden haben, bei dem es Ihnen noch viel schlechter geht als in diesem irdischen. Denn jetzt haben Sie davon gehört, und ich bin überzeugt davon: Es ist so. Also überlegen Sie es sich gut, ob Sie wirklich in ein Leben wechseln wollen, in dem Sie mit den Dingen noch viel intensiver und auswegloser konfrontiert werden als schon in diesem Leben. Und denken Sie einfach grundsätzlich immer wieder an den Spruch, den wir als Kinder oft gehört haben, und der sich aus meiner Sicht in meinem Leben wie in dem Leben aller meiner Patienten, die in große Schwierigkeiten geraten sind, immer wieder vollzieht: *Und wenn du denkst, es geht nicht mehr, kommt von irgendwo ein Lichtlein her!* Prägen Sie sich diesen Satz ein, falls Sie ihn noch nicht kennen sollten, und versuchen Sie einfach einmal, auf Zeichen zu achten, die Ihnen das Leben immer wieder setzt und gibt, wenn Sie in Schwierigkeiten sind, denn dieses „Lichtlein" zeigt sich immer wieder für jeden, ohne Ausnahme. Davon bin ich überzeugt. Und von einem können Sie ganz sicher ausgehen: Es wird Ihnen in Ihrem Leben nie mehr zugemutet, als Sie verkraften können. Nur: Sie verkraften mehr, als Sie denken!

Ich habe Ihnen einige dieser Berichte von klinisch Toten, die ich persönlich erzählt bekommen habe, bewusst mitgeteilt, um Ihnen deutlich zu machen, dass wir vor dem Tod auf gar keinen Fall Angst zu haben brauchen, im Gegenteil: Im Grunde können wir uns offensichtlich auf diesen Zustand freuen, denn es geht mit Sicherheit nach dem Tod weiter. Ich bin überzeugt davon, dass unser Geist, unsere Psyche, unser Wesen in keiner Weise stirbt, sondern das Einzige, was stirbt, ist der Körper. Ich möchte Ihnen empfehlen, tote Menschen, so weit sie heute noch in den Aussegnungshallen aufgebahrt werden, einmal ganz in Ruhe zu betrachten. Wenn Sie die Chance haben, so einen Menschen unmittelbar nach seinem Sterben sehen zu können, dann gehen Sie nach zwei Tagen noch einmal hin, wenn es möglich ist, und schauen Sie sich den Unterschied in der Ausstrahlung dieses Körpers zwei Tage nach dem Eintreten des Todes an. Sie werden vermutlich dasselbe erleben wie ich, als meine Mutter starb. Ich habe sie auf der Intensivstation gesehen, etwa dreißig Minuten, nachdem sie gestorben war. Sie lag wie tief schlafend da – so wie auch schon während der sechs Tage vorher, als sie nach einem Schlaganfall auf die Intensivstation gekommen war. Ich hatte nicht das Gefühl, dass sie nun wirklich tot sein sollte. Man sah es ihr einfach nicht an! Zwei Tage später wurde auf Wunsch meiner Schwägerin, die auch gerne von meiner Mutter Abschied nehmen wollte und sie nach ihrem Tod noch nicht gesehen hatte, der Sarg noch einmal geöffnet. Ich musste feststellen, dass dieser Mensch, der da im Sarg lag, zwar eine äußere Ähnlichkeit mit meiner Mutter hatte und auch das schönste Kleid trug, das meine Mutter besaß, aber es war für mich ganz deutlich, dass das nicht mehr meine Mutter war. Alles, was das Wesen meiner Mutter ausgemacht hatte, war einfach weg; ich hatte eher das Gefühl, sie stehe links neben mir, und ich hörte sie auch mit mir sprechen (nicht mit meinen normalen Ohren, sondern innerlich). Das, was offensichtlich aus diesem Körper verschwunden war, war ihr Geist, ihre Seele, ihr gesamtes Wesen. Zurückgeblieben war nur dieser Körper, der dann wieder zu Staub zerfällt.

Wenn Sie wollen, lesen Sie jetzt noch die nächsten Seiten weiter; wenn es Ihnen zu viel wird, legen Sie das Buch weg oder überschlagen Sie einfach die nächsten Seiten.

Ich möchte Ihnen gerne noch zwei Erlebnisse erzählen, die ich mit meinem Vater gehabt habe, bevor meine Mutter starb. Ich erzähle Ihnen das deshalb, weil ich denke, dass ein persönliches Erleben Ihnen vermutlich mehr Möglichkeiten bietet, sich mit diesem Thema auseinander zu setzen, als irgendeines meiner für Sie anonymen Patienten.

Mein Vater war schon zehn Jahre tot, als ich kurz vor dem siebzigsten Geburtstag meiner

Mutter eines Nachts aufwachte, mich im Bett aufsetzte und plötzlich meinen Vater und erstaunlicherweise auch meinen Großvater (den Vater meiner Mutter, den ich in meinem Leben nie erlebt habe, da er schon gestorben war, als ich geboren wurde) neben mir an meinem Bett stehend spürte. Ich hatte innere Bilder von diesen beiden. Ich sah meinen Vater nicht mit meinen physischen Augen, sondern mit einem Bild, das in mir war. Er hatte seinen üblichen Mantel an, den ich gar nicht so gerne mochte. Meinen Großvater sah ich in einer lebendigeren Art, als ich ihn von den Fotos her kannte. Mein Vater sagte zu mir damals – ich hörte dies nicht mit meinen physischen Ohren, sondern innerlich: „Gabi, ich wollte dir nur sagen: Wir werden die Mutti bald holen!“ Danach gingen beide wieder weg. Ich war vollkommen erschüttert, da ich ja hellwach war – sonst hätte ich mir gesagt, es war ein Traum. Es war einfach kein Traum, und ich hatte plötzlich das Gefühl: So, jetzt werde ich langsam verrückt. Das kann ich ja niemandem erzählen, sonst bringt man mich in die nächste Nervenklinik. Ich habe dieses Erlebnis erst einmal beiseite geschoben und mich immer wieder geprüft, ob ich noch normal sei oder nicht, und ich konnte zu meiner Beruhigung feststellen, dass ich nicht „verrückt“ bin. Natürlich ging mir dieses Erleben sehr nach, auch wenn ich immer wieder versucht habe, es zu verdrängen. Aber als ich dann mit meinem damals zweijährigen Sohn zum 70. Geburtstag meiner Mutter zu ihr fuhr (sie wohnte ca. 300 km entfernt von mir), habe ich mir bei dieser Begegnung doch intensive Gedanken gemacht, was ich wohl tun würde, wenn sie wirklich bald sterben würde. Sie wirkte gerade an diesem Geburtstag erstaunlich lebhaft, fröhlich, auch körperlich so gesund, wie ich sie eigentlich seit Jahren nicht mehr gesehen hatte, sodass ich gerade jetzt mit ihrem Tod in gar keiner Weise hätte rechnen müssen. Aber ich habe mir nun überlegt: Was will ich tun, falls sie wirklich bald stirbt? Was möchte ich mit ihr noch durchsprechen, was möchte ich ihr noch schenken, noch zeigen usw? Ich habe mich dazu entschlossen, im Gegensatz zu meiner Gewohnheit der letzten Jahre – im Jahr vielleicht zweimal zu ihr zu fahren – mich nun innerhalb der nächsten Zeit ca. alle zwei Wochen mehrere Tage bei ihr aufzuhalten, habe die ganzen alten Filme, die meine Eltern gedreht hatten und die ich aufgehoben habe, mitgebracht. Wir haben sie uns gemeinsam angeschaut, und ich habe heimlich eine Tonbandaufnahme von meiner Mutter gemacht, weil ich auf jeden Fall ihre Stimme wieder hören wollte, wenn sie einmal gestorben war. Wir haben zusammen alle ihre alten Fotoalben angesehen mit vielen Kommentaren von ihr. Wir haben manches miteinander unternommen, was ich sicherlich nicht getan hätte, wenn nicht dieses Erlebnis mit meinem Vater gewesen wäre. Drei Monate später hatte ich alles getan, was ich mir noch vorgenommen hatte, und eigentlich alles erledigt, was ich noch gerne in Gesprächen klären oder sonst wie mit ihr machen wollte, und unsere Beziehung war nie so offen und so innig gewesen wie in diesen Wochen. Als wir nun alles beendet hatten und ich wieder bei mir zu Hause war, rief kurze Zeit später mein Bruder an und sagte mir, dass meine Mutter einen Schlaganfall gehabt hätte; ich solle mich aber nicht sorgen, denn er hätte sie ins Krankenhaus gebracht, und es gehe ihr schon wieder besser. Ich bräuchte auch nicht extra zu kommen, er wollte mich lediglich informieren. Da ich selbst schon über zehn Jahre lang mit Schlaganfallpatienten gearbeitet hatte, habe ich mir damals dabei auch nicht sehr viel Schlimmes gedacht, da Schlaganfallpatienten an dieser Krankheit nicht sterben müssen. Aber an dem Tag, an dem mein Bruder anrief, ging ich abends ins Bett und konnte nicht einschlafen. Da spürte ich wieder meinen Vater neben meinem Bett stehen, und er sagte diesmal: „Gabi, ich wollte dir nur sagen, jetzt wird es ganz schnell gehen." Am nächsten Morgen schnappte ich mir meinen zweijährigen Sohn, packte schnell die wichtigsten Sachen und fuhr wieder die dreihundert Kilometer zu meiner Mutter. Als ich dort ankam, lag sie schon im Koma und wachte auch die restlichen sechs Tage ihres Lebens nicht mehr auf.

Aus dieser Zeit möchte ich Ihnen noch etwas berichten, was heute meistens die Krankenschwestern auf den Intensivstationen wissen, aber erstaunlicherweise oft die Ärzte nicht, nämlich, dass ein Mensch im bewusstlosen Zustand sehr häufig noch alles mitbekommt, was um ihn herum geschieht. Da ich wusste, dass sie mich vermutlich hören konnte, habe ich immer mit ihr gesprochen. Ich habe festgestellt, dass meine Mutter in ihrem bewusstlosen Zustand einmal mit ihrem Mittelfinger kleine Bewegungen machte. Ich habe ihr dann ganz leise das Lied „Ännchen von Tharau“ vorgesungen (meine Mutter kam aus Ostpreußen, und das war eines ihrer Lieblingslieder) und sie gebeten, mir doch den Rhythmus des Liedes, während ich es ihr vorsang, ganz sacht mit ihrem Mittelfinger in meine Hand hineinzuklopfen. Das war kein Problem für sie. Ich sang das Lied, und sie klopfte mir den Rhythmus des Liedes in die Hand. Dann sagte ich zu ihr: „Wenn du mir den Rhythmus in die Hand hineinklopfen kannst, dann könntest du mir vielleicht auch Buchstaben in die Hand schreiben, und über diesen Weg können wir uns vielleicht unterhalten. Du kannst mir sagen, was für Fragen du hast oder was du mir mitteilen möchtest.“ Daraufhin schrieb sie mir ein O in die Hand; zu mehr war sie körperlich dann nicht mehr in der Lage. Aber das O hat für mich ganz klar bedeutet „Otmar“. Dies war der langjährige Freund, der sich nach dem plötzlichen Tod meines Vaters rührend um meine Mutter gekümmert hat. Sie wollte offensichtlich wissen, da er bis dahin noch nicht an ihrem Krankenbett gewesen war, wo er denn bliebe. Ich habe es ihr dann gesagt und ihn am nächsten Tag auf die Intensivstation mitgenommen. (Er hatte schreckliche Angst vor dieser Begegnung und hätte sich nie alleine getraut, zu ihr zu kommen.)

Bezeichnend ist auch der Zeitpunkt des Todes meiner Mutter. Mein Bruder, der selbst Unfallchirurg in einer großen Stadt war, die neunzig Kilometer vom Krankenhaus entfernt war, in dem meine Mutter lag, konnte natürlich nicht jeden Tag stundenlang bei ihr sein. Nach sechs Tagen hatte er aber zwei volle Stunden Zeit, sie zu besuchen. Und ich hatte das Gefühl, dass er sich in diesen zwei Stunden innerlich intensiv von ihr verabschiedet hat. Jedenfalls starb meine Mutter in dem Moment, in dem mein Bruder aus der Intensivstation hinausgegangen war. Dies scheint mir kein Zufall zu sein. Ich bin überzeugt davon, dass jeder Mensch in irgendeiner Weise Einfluss auf den Zeitpunkt seines Todes hat.

Jeder stirbt so, wie er lebt.

Auch die Tatsache, dass ein Mensch so stirbt, wie er lebt (wie man das im Volksmund sagt), scheint mir ihre Richtigkeit zu haben.

Wer also Angst vor dem Sterben hat, dem kann ich nur empfehlen: Versuchen Sie, Ihr Leben so ehrlich und stimmig mit sich zu gestalten wie möglich, und Sie werden ein leichteres Sterben ohne Probleme haben und freudig in die andere, geistige Welt hinübergehen. Haben Sie Mut! Setzen Sie sich mit diesem Thema „Sterben und Tod“ auseinander, bis Sie das Gefühl haben, dass es etwas Selbstverständliches für Sie geworden ist. Ich bin überzeugt, dass all Ihre Ängste, egal welcher Art sie sind, in dem Moment restlos verschwunden sind, in dem Ihnen klar geworden ist, dass der Tod für Sie keinen Schrecken mehr hat.

7. Kapitel:

Wie kann eine Partnerschaft heutzutage überhaupt noch funktionieren?

1. Das Zauberwort heißt „Rollenwechsel“!

Die meisten Partnerschaften gehen heute daran kaputt, dass die Partner während der ganzen gemeinsamen Zeit immer in ein und derselben Rolle bleiben: z.B. der Mann in der Rolle des hilfreichen Vaters seiner Frau gegenüber. Solange die Frau dann in der Rolle des hilflosen Kindes bleibt, funktioniert diese Beziehung eine Zeit lang; nur sobald einer der beiden aus seiner Rolle aussteigen möchte, der andere von seiner Seite aus dazu aber entweder nicht in der Lage ist oder es auch nicht will, gibt es große Rollenkonflikte. Deshalb möchte ich Ihnen empfehlen, ganz bewusst von beiden Seiten aus einen stetigen Rollenwechsel in Ihrer Partnerschaft durchzuführen, d.h., dass Sie als Mann durchaus auch einmal Vater für Ihre Frau sein sollten und Sie als Frau einmal das Kind für Ihren Mann. Dies bedeutet, dass Sie sich als Frau auch einmal anlehnen, die Verantwortung kurzzeitig ganz dem Mann abgeben und sich dann in diesem Stadium ausruhen können.

Sie als Mann können die Rolle des Vaters für Ihre Frau als eine Rolle empfinden, die Ihnen bestätigt, dass Sie Ihrer Partnerin Schutz geben, sie stärken und aufbauen, und gleichzeitig gibt Ihnen diese Haltung auch Kraft und mit Sicherheit ein gutes Gefühl von Selbstbewusstsein. Umgekehrt ist es aber genauso wichtig, dass Sie als Mann auch immer wieder die Möglichkeit haben, einmal „klein" sein zu dürfen und sich an die Frau, die dann für Sie kurzzeitig eine Art Mutterrolle übernimmt, anlehnen können. Männer brauchen das genauso wie Frauen, dass sie sich einmal ganz fallen lassen und zumindest für kurze Zeit alle Verantwortung abgeben können. Wichtig ist bei all diesen Dingen, dass dies kein Dauerzustand ist, sondern dass die Rollen immer wieder gewechselt werden.

Die nächstmöglichen Rollen sind, dass beide Partner auch einmal voll in die Kindrolle hineinschlüpfen und „Blödsinn" machen, um sich damit zu erfreuen und sich in der ungezwungenen Kindrolle ausruhen und im besten Fall auch austoben zu können. Wenn beide Partner gleichzeitig in der Rolle von Vater und Mutter sind, ist es nötig, dass eine dritte

Person da ist, für die sie Vater und Mutter sein können, z.B. ein Kind oder eine gemeinsame Freundin, die Probleme hat, usw. Es gibt noch viele weitere Rollen, in die Sie bewusst immer wieder wechseln können, z.B. in die Rolle des guten Gesprächspartners, wobei hier auch wieder beide in der gleichen Erwachsenenrolle sein müssen, damit z.B. ein sachliches Gespräch überhaupt möglich ist. Die Rolle des Sexualpartners ist nichtsdestoweniger wichtig. Übernehmen Sie sie mit Freude! Auch hier ist wieder dringend nötig, dass dies von beiden Seiten aus geschieht, sonst fühlt sich einer der Partner immer nur benutzt und der andere lebt lediglich sein Triebleben aus, anstatt in gemeinsamer liebevoller Sexualität das Miteinander zu finden.

Nehmen Sie verschiedene Rollen ein.

Seien Sie ganz bewusst zwischendurch auch einmal Putzfrau oder Putzmann, kleiden Sie sich entsprechend, um dann die Rolle nach einiger Zeit wieder zu wechseln und z.B. in einem Abendkleid oder einem Smoking auf ein Fest zu gehen. „Kleider machen Leute“ ist ein bewiesenes Sprichwort. Ebenso ist es aber auch wichtig, immer wieder die „schönen“ Kleider gegen ganz einfache zu wechseln, um richtig in den Rollenwechsel hineinzukommen. Sehr wichtig ist es für meine Begriffe, um einen entsprechenden Abstand zwischen Arbeit und Freizeit herzustellen, die Kleidung zu wechseln und sich zu Hause zum Beispiel bequeme Hauskleidung anzuziehen. Bei den Japanern ist es beispielsweise ganz normal, dass sie sich in ihren ursprünglichen Hotels, in den so genannten Ryokans, sofort nach Betreten des Hauses von Kopf bis Fuß umkleiden und sich dann in einem für sie bereit gestellten Kimono sowie besonderen Hausschuhen den weiteren Verlauf des Tages oder Abends aufhalten. Beobachten Sie sich einmal selbst, wie Sie sich in verschiedenen Kleidungsstücken fühlen. Sie werden sehen, dass Sie sich in jedem Kleidungsstück, in jedem Paar Schuhe immer wieder anders bewegen und sich auch anders fühlen. Das schafft eine gute Flexibilität, die Sie auch in bewussten Rollenwechseln innerhalb der Partnerschaft ständig beibehalten sollten. Bei dem ständigen Wechsel von Informationen, Angeboten usw. in unserer heuti-

Kleiderwechsel schafft Flexibilität.

gen Zeit ist es einfach nötig, diesen Wechsel auch in der Partnerschaft ständig durch Rollentausch durchzuführen, damit die Beziehung auf Dauer auch genügend „spannend“ bleibt. Durch das Überangebot an Informationen wird es den Menschen heute manchmal schnell langweilig. Wenn Sie aber bereit sind, Ihre eigenen Rollen immer wieder zu wechseln, kann es für Sie überhaupt nicht eintönig werden, da Sie in jeder Rolle völlig anders gefordert werden. So erleben wir es z.B. wenn wir Kinder haben, die uns, gerade wenn sie noch sehr klein sind, ständig in neuer Weise so herausfordern, wie es sonst kaum jemand kann.

Jede Rolle bringt eine neue Herausforderung.

Wichtig beim Thema „Rollenwechsel“ ist immer, dass beiden Partnern klar wird, wie notwendig das ist, und dass beide Partner ständig bereit sind, die Rollen zu wechseln und auf die jeweils andere Rolle des Partners auch einzugehen bzw. selbst in eine andere Rolle hineinzugehen, um damit dem Partner wieder einen Rollenwechsel zu ermöglichen. Dies bedeutet ganz nebenbei selbstverständlich auch, dass dann, wenn beide Partner immer wieder dazu bereit sind, die Rollen zu wechseln, es sicherlich nicht mehr vorkommen wird, dass eine Frau, die im Alter ihren Mann verliert, unfähig ist, eine Banküberweisung auszufüllen, da sie solche Tätigkeiten in ihrem ganzen Leben noch nie verrichtet hat. Der Rollenwechsel führt dazu, dass beide Partner immer wieder auch in die Rolle des anderen hineingehen und dass dadurch jeder selbständig wird. Jeder Mensch hat weibliche und männliche Anteile in sich, die Frau normalerweise mehr weibliche als männliche und der Mann umgekehrt. Wichtig ist, dass eine Frau auch ihre männlichen Anteile und dass ein Mann auch seine weiblichen Anteile lebt. Dies führt zu einer weiteren Entwicklung des Menschen, und er kommt so auch dazu, sich im wahrsten Sinne des Wortes mehr „auszuleben“. Viele Leute haben heute das Gefühl, sich z.B. nur noch in Discos „ausleben“ zu können. Ich halte das für ein Armutszeugnis unserer Gesellschaft. Es gibt jeden Tag eine Menge Möglichkeiten, sich auszuleben – allein dadurch, dass man immer wieder bereit ist, einen Rollenwechsel durch-

Leben Sie sich in unterschiedlichen Rollen aus.

zuführen. Vergessen Sie als letztes auch nicht, dass Sie innerhalb einer Partnerschaft auch immer wieder einmal Bruder und Schwester füreinander sein sollten und die so genannte Kameradschaft ausleben sollten – ein heute kaum mehr gebräuchliches Wort, aber doch so nötig, um miteinander leben zu können.

2. Das Claudia-Schiffer-Syndrom

Falls irgendjemand dieses Buch erst in zehn oder zwanzig Jahren liest: Claudia Schiffer ist eines der berühmtesten Models unserer jetzigen Zeit, erinnert in ihrem Aussehen manchmal ein bisschen an Brigitte Bardot und wird voraussichtlich noch längere Zeit in ihrem Beruf tätig sein. Sie können sich nicht vorstellen, wie oft Claudia Schiffer in meiner Praxis „auftritt". Es scheint heutzutage eine Unmenge von Männern zu geben, die ihre Frauen nur mehr dann akzeptieren, wenn sie eine zumindest annähernde Claudia-Schiffer-Figur präsentieren oder sich dazu hinhungern. Dass die vielen Hungerkuren, die heute jede etwas dickere Frau bald hundertfach unternimmt, genau dazu führen, dass diese Frauen immer noch dicker werden, bringt dann bald Verzweiflung auf beiden Seiten. Die Idole unserer Zeit sind – was Frauen angeht – schlank wie Claudia Schiffer. Uns wird dieses Idol des ausgesprochen schlanken Frauentyps ständig in allen Medien und Illustrierten präsentiert; ebenso z.B. in den vielen Angeboten der entsprechenden Kleidergrößen. Es ist für mich immer wieder unvorstellbar, wieso die Kleiderindustrie mit ihrer Auswahl sich nicht den Größen der Menschheit anpasst, sondern in erster Linie den Größen, die Models haben.

Umgekehrt ist bei den Männern in den letzten Jahrzehnten offensichtlich der „Muskelwahn" ausgebrochen. Muskeln werden stundenlang in Fitness-Centern trainiert, um diesem Idol zu genügen. Ich halte es für sehr wichtig, dass man sich körperlich pflegt und auf eine gewisse Figur achtet, allein schon der Gesundheit wegen, aber wenn nur noch eine „Claudia-Schiffer-Figur" oder eine „Rambo-Muskel-Figur" das einzig Erstrebenswerte ist – in dem Glauben, nur noch so begehrenswert zu sein –, halte ich das ganz schlicht und ergreifend für einen Wahnsinn. Wann werden wir einsehen, dass es in der Partnerschaft neben einem durchaus gepflegten Aussehen in erster Linie auf das Innere des Menschen ankommt? Wann werden wir begreifen, dass entscheidend das ist, was aus der Seele heraus nach außen dringt, z.B. über die Augen? Wann werden wir erkennen, dass es doch so sehr darauf ankommt, unserem Partner alles, was uns am Herzen liegt, von uns berichten zu können und gleichzeitig dem anderen bei allem, was er uns mitteilen möchte, gerne zuzuhören und uns gegenseitig im Gespräch zu helfen? Wann werden wir begreifen, dass es in erster Linie darum geht, dass wir lernen, einander so anzunehmen, wie wir eigentlich sind, und dass nur so eine Möglichkeit besteht, uns weiterzuentwickeln und immer positiver zu verändern? Marianne Williamson hat einmal gesagt: „Wir bekommen das im Leben, worauf wir uns konzentrieren.“ Das ist es genau: Wenn wir uns darauf konzentrieren, als Partnerin ein Claudia-Schiffer-Verschnitt zu sein, werden wir dies irgendwann sein. Die Frage ist nur, ob uns das wirklich genügt, denn das Aussehen allein ist kein Wert auf Dauer (auch Claudia Schiffer wird einmal Falten bekommen!) und es ist sicherlich zu wenig, um miteinander glücklich sein zu können. Anmerken möchte ich hier unbedingt noch, dass mir der Mensch Claudia Schiffer durchaus gut gefällt!

Wir bekommen das, worauf wir uns konzentrieren.

3. Jeder muss in erster Linie Verantwortung für sich selbst übernehmen

Es ist durchaus gut und in Ordnung, Verantwortung immer wieder einmal auch ablegen zu können. Das haben wir ja beim Thema „Rollenwechsel" schon besprochen. Aber dieses Sich-Anlehnen zwischendurch sollte immer nur von kurzer Dauer sein. Denn es ist gerade in der heutigen Zeit mehr als notwendig, dass jeder, sowohl der Mann als auch die Frau, Verantwortung für sich selbst übernimmt, um vom anderen nicht abhängig zu werden. Abhängigkeit voneinander ist im Grunde immer der Beginn vom Ende einer Partnerschaft. Heute kann man sich Abhängigkeit noch weniger leisten als früher. In früheren Zeiten waren selbstverständlich die meisten Frauen von ihren Männern finanziell abhängig, da die Frauen äußerst selten einen Beruf erlernt hatten. Dies hat sich alles geändert, und das ist auch der

Abhängigkeit voneinander bringt das Ende einer Partnerschaft.

Grund, warum heute überhaupt so viele Scheidungen möglich sind. Die Frauen, die heute fast alle einen Beruf erlernt haben, haben durch ihren Beruf überhaupt erst eine Chance, sich von ihrem Partner trennen zu können, wenn sie das möchten, da sie ja durch die berufliche Tätigkeit in der Lage sind, auch alleine für sich selbst zu sorgen. Das ist eine ganz gewaltige Neuerung unserer jetzigen Zeit. Diese Möglichkeit gab es vorher für Frauen unseres Breitengrades noch nicht. (Unabhängig davon, dass es immer schon Naturvölker gab, bei denen ein Matriarchat vorherrschte.) Aber heute sind normalerweise beide Partner – Mann wie Frau – in der Lage, sich finanziell alleine durchs Leben zu bringen. Dies fördert einerseits die Unabhängigkeit, die eine Grundlage für jede Partnerschaft heutzutage ist, andererseits auch die Unsicherheit bezüglich der Partnerschaft. Denn durch diese Tatsache ist kein Mann und keine Frau mehr davor sicher, dass der Partner ihn oder sie nicht eines Tages im Stich lässt, und es gibt eine Menge Untersuchungen, die zeigen, dass Männer erheblich schwerer damit zurechtkommen, wenn die Frauen sie verlassen, als umgekehrt.

Wir dürfen bei allen schrecklichen Scheidungs- und Trennungsstatistiken unserer Zeit aber auch eines nicht vergessen: Wir haben heute im Vergleich zu der Zeit vor 100 Jahren eine viel größere Chance, lange zu leben, als früher. Das heißt, dass heute eine mit 20 Jahren geschlossene Ehe auf Lebenszeit bedeuten kann, dass man eventuell sechzig Jahre und länger miteinander in einer ehelichen Gemeinschaft zu leben „hätte". Früher sind die meisten Menschen spätestens mit vierzig Jahren gestorben. Damals bedeutete eine Ehe auf Lebenszeit manchmal höchstens zwanzig Jahre. Heutzutage gehen viele Ehen nach fünfundzwanzig, manchmal auch nach dreißig Jahren auseinander, und selbst dann haben die Menschen, theoretisch zumindest, sehr oft noch die Möglichkeit zu einer neuen Partnerschaft von der gleichen Länge, wie die erste gewesen ist.

Die Zeiten haben sich enorm geändert und ebenso auch unsere Möglichkeiten, was wir mit diesem Leben alles anfangen können. Der Hunger nach immer neuen und immer verrückteren Sachen lässt uns häufig das Entscheidende, das jeder von uns braucht, nämlich ein „Zuhause“, in seinen Werten vergessen. Letztlich leidet unsere Gesellschaft heute in erster Linie genau daran, kein „vernünftiges“ Zuhause mehr zu haben. Wichtig ist, dass uns klar wird, dass jeder von uns ein Zuhause benötigt und dass es dann, wenn wir z.B. alleine leben, wichtig ist, dass wir uns unsere Wohnung zu einem entsprechenden „Nest“ machen, in das wir uns immer wieder gerne zurückziehen und das uns dann auch angenehmen Schutz bietet.

Wie wichtig die Funktion des „Zuhauses“ ist, zeigt, dass es z.B. möglich ist, dass eine Frau, die eine schlimme Kindheit hatte, weil ihr Vater – ein Alkoholiker – sie jahrelang fast halbtot geschlagen und ihre Mutter häufig bedroht hat, dieses „Muster“ wiederholt und einen Alkoholiker heiratet, mit dem dasselbe Spiel wieder von neuem beginnt. Von außen kann man das manchmal überhaupt nicht verstehen. Aber wenn man begriffen hat, wie wichtig der Zustand des „Zuhauses“ für den Menschen ist, ist auch so eine Situation verständlich. Denn jeder sucht irgendetwas, das er schon kennt – und das ist

Wir suchen das, was wir schon kennen.

meistens das, was man in den ersten zwanzig Lebensjahren erlebt hat. Da fühlt man sich „zu Hause“, da weiß man, wie man mit der Situation umzugehen hat. Nur so ist erklärlich, warum immer wieder Menschen zu Partnern greifen, die nach außen hin oft überhaupt nicht zu ihnen passen, aber in der Grundstruktur etwas anbieten, was die jeweiligen Partner in ihrer Kinder- oder Jugendzeit als „Zuhause“ erlebt haben.

Der Sinn unseres Lebens besteht in erster Linie darin, dass wir uns zur Vollkommenheit hin entwickeln, und das funktioniert nur dadurch, dass wir lernen, zunehmend mehr Verantwortung für uns selbst zu übernehmen. Dies bedeutet letztlich vor allem, dass wir zunehmend mehr in Kontakt mit uns selbst sind, d.h., dass wir lernen, das Kind, das wir einmal waren, nicht zu vergessen, sondern es in unser Erwachsensein zu integrieren. Je mehr wir lernen, mit dem Kind in uns liebevoll umzugehen, desto mehr sind wir auch in der Lage, alte Verletzungen, alte Einsamkeitsgefühle aus unserer Kindheit und Jugendzeit, die wir häufig

Das Kind in uns ins Erwachsensein integrieren.

ein ganzes Leben lang mit uns herumschleppen (und von denen wir hoffen, dass der nächste Partner sie heilt), in uns selbst zu heilen. Ich habe eine Therapiemethode, die Erika Chopich in ihrem hervorragenden Buch „Die Aussöhnung mit dem inneren Kind" angesprochen hat, weiterentwickelt, bei der jeder Mensch alleine – ohne Therapeut – in der Lage ist, sich selbst in allen noch so schwierigen Erlebnissen aus Kind- und Jugendzeit zu heilen. Ich halte es für ungeheuer wichtig, dass wir alle zunehmend lernen, mit uns selbst immer besser klar zu kommen, damit wir nicht dem Partner diese Bürde, die er gar nicht tragen kann, auflasten – wie es so häufig geschieht und woran so viele Partnerschaften kaputtgehen. Ich bin davon überzeugt, dass wir erst, wenn wir gelernt haben, uns selbst zu heilen, in der Lage sind, uns wirklich einem Partner gegenüber auch vollkommen zu öffnen. Denn das dazu nötige Urvertrauen, das viele von uns nie so richtig mitbekommen haben, ist durchaus selbst wieder herstellbar, wenn wir lernen, zu unserem eigentlichen Kern zurückzufinden, und das geschieht dadurch, dass wir immer mehr in liebevoller Weise zu uns selbst Kontakt bekommen. Ein wichtiger Grund, warum Partnerschaften häufig nicht gut funktionieren, ist, dass der Einzelne mit sich selbst nicht gut genug umgeht. Eltern-Instanzen (innerliche Ausdrücke von Vater oder Mutter), wie man sich zu verhalten habe, steuern häufig unser Verhalten, statt dass wir selbst entscheiden, was für uns gut und richtig ist. Und genau dazu ist es nötig, zu dem Kind, das wir einmal waren, in einem guten Kontakt zu stehen, denn dieses Kind in uns, das letztlich unsere gesamte Gefühlswelt ausdrückt, weiß am allerbesten, was für uns gut ist. Und in unserem eigentlichen Inneren ist letztendlich alles vorhanden, was der Mensch braucht. Denn wie man so schön sagt: Gott ist in uns. All denen, für die das ein neuer Spruch ist oder die damit wenig anfangen können, möchte ich nur sagen: Haben Sie Mut! Wagen Sie einmal dieses Experiment, diesen Gott in sich anzunehmen und diesem Gott gerade all das zu übergeben, was für Sie am wichtigsten ist. Trauen Sie sich einfach einmal, das in die Hand Gottes zu legen, womit Sie selbst nicht fertig werden. Stellen Sie sich diese Hand ganz plastisch vor; und behalten Sie nicht alles in

Das Kind in uns weiß, was gut für uns ist.

Ihrer eigenen Hand, denn das bedeutet lediglich, dass wir ständig „grabschen, klammern und manipulieren. Wir reißen dauernd die Backofentür auf, um nachzusehen, ob der Kuchen auch aufgeht, was natürlich nur bewirkt, dass er keine Chance dazu hat“ (Williamson). „Hingabe zerstört nicht unsere Macht und Kraft; sie steigert sie. Gott ist nur die Liebe in uns, und wenn wir zu ihm zurückkehren, kehren wir zu uns selbst zurück.“ (Williamson)

Heute ist so viel von Spiritualität die Rede. Wenn Sie Lust haben, machen Sie doch heute diesen besonderen Tag – den Sie sich selbst widmen – zum Experiment. Achten Sie neben jeder Entspannung, die Sie immer wieder für sich üben, auf die Liebe, die in Ihrem Herzen zu finden ist. Versuchen Sie einmal, in Ruhe dorthin zu spüren, und Sie werden etwas von der Bedeutung spiritueller Hingabe bemerken. Diese verwandelt uns und macht uns letztlich zu Menschen, die von der üblichen Oberflächlichkeit zu einer Tiefe kommen können, die uns immer mehr erfüllt und zu anziehenderen Menschen für andere werden lässt. Liebe ist letztlich die alles heilende Kraft für uns selbst und für andere, und es gilt im Grunde nichts anderes, als jeden Tag immer wieder zu unserem Herzen, zu unserem Inneren hinzuspüren und den Mut zu bekommen, die Antwort von dort auch innerlich zu hören. Ich kann Ihnen versichern, diese Antwort ist einfach wunderbar. Denn Ihr Inneres hat unendlich viel Liebe für Sie selbst bereit, jeden Tag. Ihre eigene Entwicklung wird allein dadurch, dass Sie jeden Tag immer wieder bereit sind, dorthin zu schauen und von innen her täglich immer mehr reifen zu lassen, was dort alles in Ihnen schlummert, etwas ganz Wunderbares werden. Und haben Sie keine Angst, wenn Sie von einem Menschen verlassen worden sind, ob Partner oder Freundin: Denn alles ist gut, so wie es ist. – Denken Sie immer wieder an diesen Satz, denn er hilft Ihnen, frei zu werden, wieder nach innen zu schauen, um reif zu werden für die nächste Partnerschaft oder für die nächste freundschaftliche Beziehung.

4. Glücklich werden durch Loslösen

Wenn Sie unglücklich sind, handelt es sich meistens darum, dass Sie irgendjemanden oder irgendetwas nicht haben oder behalten können, wie Sie es sich wünschen. Sie werden spüren, dass Sie sich in gewisser Weise von einem Menschen oder von einer Sache innerlich abhängig gemacht haben, und genau darum heißt das wichtigste Wort, um glücklich zu sein: loslösen. Loslösung heißt nicht Trennung, sondern Unabhängigwerden. Dieses Unabhängigwerden, dieses Sich-Loslösen, z.B. von unseren Kindern – egal, wie alt sie sind –, heißt nicht, die Verantwortung fallen zu lassen, sondern sie in ihrem Entwicklungsprozess jeden Tag ein Stückchen freizugeben, damit sie eines Tages wirklich flügge sein können. Loslösen heißt auch, täglich von jedem Menschen, mit dem wir in irgendeiner Form von Beziehung zusammen sind oder leben, zu lassen. Auch hierzu gibt es eine sehr schöne einfache Übung, die uns hilft, diesen inneren Prozess des Loslassens

Werden Sie unabhängig.

und des Freiwerdens täglich neu zu erreichen.

Stellen Sie sich in Gedanken vor, dass Sie alle Energien, die Sie von einem bestimmten Menschen, mit dem Sie zusammenleben, in sich spüren, diesem beim Ausatmen liebevoll zurückgeben. Anschließend malen Sie sich aus, dass Sie beim Einatmen alle Energien, die von Ihnen auf diesem anderen Menschen liegen oder vielleicht sogar lasten, nun liebevoll wieder zu sich zurückholen. Wichtig ist hier, dass Sie sich ganz bewusst vorstellen, dass Sie diese Energien erst in dem Moment, in dem Sie sie durch einen durchsichtigen Filter durchgeschleust haben, wieder in sich aufnehmen. Machen Sie diese Übung regelmäßig jeden Abend, und Sie werden merken, dass die Energien dadurch im besten Falle „aufgeräumt" werden und Sie sich von Menschen wie auch von Dingen, die Sie belasten, immer wieder lösen. Wenn Sie sich z.B. ein Haus gebaut haben und die Schulden drücken Sie immer wieder sehr: Führen Sie diese Energie-aufräum-Übung jeden Tag aus, geben Sie dem Haus die Energie zurück, die Sie ihm tagsüber „genommen" haben, und holen

Sie sich die Energie gefiltert zurück, die Sie beim Haus gelassen haben, weil Sie sich z.B. wegen der Schulden ständig grämten.

Die Energie-aufräum-Übung

Also noch einmal: Atmen Sie Energien, die nicht zu Ihnen gehören, aus, und geben Sie sie dem jeweiligen Menschen oder Gegenstand bewusst zurück; die Energien, die zu Ihnen gehören, die aber auf irgendeine Weise bei anderen Menschen oder Gegenständen gelandet sind, holen Sie sich ganz bewusst durch das Einatmen gefiltert wieder zurück. Wenn Sie diese Übung mehrfach machen, z.B. zehnmal hintereinander, werden Sie merken, wie Sie sich zunehmend freier und auch wieder energiegeladen fühlen. Dies ist die beste Form, Energie aufzutanken und sich ganz bewusst von Menschen und Gegenständen zu lösen. Auch dies ist mit Sicherheit ein sehr gutes Mittel, eine Partnerschaft auf lange Zeit gut zu erhalten, indem Sie sich bewusst täglich von Ihrem Partner immer wieder lösen, d.h. die Energien dahin verteilen, wo Sie hingehören, um selbst wieder „ganz“ zu sein. Dies macht Sie immer wieder frei und unabhängig und hilft Ihnen, auf den Partner immer wieder neu zuzugehen oder sich ohne Partner einfach in gutem Maße frei und „ganz" zu fühlen. Wenn wir diesen Zustand erreicht haben, werden wir uns, egal, ob wir alleine oder mit jemand anderem zusammen leben, nie „alleine" fühlen, denn wir werden uns „ganz" fühlen, und das schließt ein Alleinsein oder Sich-einsam-Fühlen von vornherein aus.

8. Kapitel:

Der Weg zum eigenen Inneren: eine Übung

Als Letztes möchte ich Ihnen jetzt eine Tiefenentspannungsübung aufzeigen, die Sie sich selbst auf Tonband sprechen (Sie brauchen das „Sie" dabei ja nur ins „Du" umzuwandeln) und dann in Ruhe abhören können, wenn Sie möchten.

Stellen Sie sich wieder darauf ein, dass Sie sich entspannen, dass Sie sich am besten ganz bequem hinlegen und dass ein angenehmes Schweregefühl in Ihren Körper einströmt, von den Schultern ausgehend über die Oberarme zu den Unterarmen bis in die Hände und Fingerspitzen hinein. Lassen Sie dieses Schweregefühl durch den ganzen Körper strömen – zu den Oberschenkeln, zu den Unterschenkeln bis in die Füße und Zehen hinein. Stellen Sie sich vor, dass Ihr Körper ganz angenehm ruhig, schwer und entspannt daliegt. Und nun stellen Sie sich vor, dass ein angenehmes Wärmegefühl in Ihren Körper einströmt, auch wieder von den Schultern ausgehend über die Oberarme zu den Unterarmen bis in die Hände und in die Fingerspitzen hinein. Dieses Wärmegefühl durch den ganzen Körper durchströmen lassen, wie eine angenehm warme Welle – zu den Oberschenkeln, zu den Unterschenkeln bis in die Füße und Zehen hinein. Stellen Sie sich einfach vor, dass Ihr Körper ganz angenehm ruhig, warm und entspannt daliegt. Nun lassen Sie sich immer tiefer und tiefer in die Entspannung hineinsinken, wie in ein ganz bequemes, übergroßes Kissen, ganz weich, ganz geborgen – sich einfach immer mehr und mehr in diesen Entspannungszustand hineinsinken lassen. Je mehr Sie in diesen Zustand der Entspannung hineinsinken, je tiefer Sie hinuntersinken, desto mehr können Sie nach und nach Zugang zu Ihrem eigenen Inneren bekommen, das ganz tief in Ihnen ist. Stellen Sie sich vor, dass dieser Kern Ihres eigenen Inneren nach und nach seine ganzen Fähigkeiten, die er in sich birgt, langsam auf Sie ausströmen kann. Wie ein liebevoller Freund, der ganz viele Schätze für Sie bereithält. Je tiefer Sie in die Entspannung hineinsinken, desto mehr hat dieses eigene Innere in Ihnen die Möglichkeit, Ihnen wie ein guter Freund entgegenzukommen. Stellen Sie sich vor, dass dieses Innere nach und nach seine wunderbaren Eigenschaften langsam aus der Tiefe herauf in Sie einströmt, dass die Kraft und die Stärke, diese enorme Kraft, diese enorme Stärke Ihres eigenen Inneren nach und nach auf Ihren ganzen Körper, auf Ihre ganzen Körperzellen einströmt, und stellen Sie sich vor – Sie haben über zwanzig Billionen Zellen in Ihrem Körper –, dass diese Stärke und diese Kraft nach und nach aus der Tiefe heraus in Ihren ganzen Körper, in jede einzelne Körperzelle einströmt und diese auffüllt. Stellen Sie sich das ganz bildhaft vor, wie aus dem tiefen Inneren heraus diese Kraft und Stärke in wunderbarer Weise jede Zelle nach und nach ausfüllt und richtig in den Körper einströmt. Ihr Körper – und auch Ihr ganzer psychischer Bereich – wird jetzt immer mehr von dieser Kraft und dieser Stärke erfüllt. Spüren Sie, wie sich diese Kraft und diese Stärke anfühlt, atmen Sie ganz intensiv diese Kraft und diese Stärke auch ein, schöpfen Sie aus dem Inneren, aus der Tiefe heraus den Atem, und holen Sie mit dem Atem diese ganze Kraft und Stärke in den ganzen Körper hinauf. Und stellen Sie sich vor – wenn Sie möchten – das starke Harmoniegefühl, das Ihr Inneres in sich birgt, nach und nach auch wieder von der Tiefe heraus in Ihren Körper, in Ihre Psyche einströmen zu lassen. Füllen Sie auch hier wieder ganz bewusst jede einzelne Zelle mit Harmonie auf, bis Sie sich immer mehr und mehr von Harmonie richtig geborgen fühlen. Lassen Sie ganz bewusst dieses Gefühl der Harmonie aus dem tiefen Inneren sich wie eine Blume öffnen und nach oben steigen. Stellen Sie sich vor, dass die Harmonie sich wie der Duft einer Blume ganz intensiv über Sie ausbreitet. Und ebenso können Sie sich langsam vorstellen, dass aus dem tiefen Inneren ein ganz liebevolles Wohl wollen auf Sie einströmt. Begeben Sie sich auch damit in eine Geborgenheit hinein, schwingen Sie sich in diese Liebe hinein, die nach

Füllen Sie jede Zelle mit Harmonie auf.

und nach aus Ihrem eigenen Inneren für Sie da ist, mit der Sie sich umgeben können und sich von innen heraus so richtig aufladen können. Und versuchen Sie auch, dieses liebevolle Wohl wollen in sich zu spüren, das Ihr Inneres für Sie bereithält. Als Letztes gebe ich Ihnen die Empfehlung, aus den vielen Schätzen, die Ihr Inneres in sich birgt, auch das Selbstbewusstsein, die Selbstsicherheit aus der Tiefe heraus in sich aufströmen und einströmen zu lassen. Lassen Sie dieses Selbstbewusstsein, diese Selbstsicherheit in jede einzelne Zelle Ihres Körpers und in Ihr gesamtes Bewusstsein, in Ihre gesamte Psyche einströmen. Füllen Sie Ihren Körper, Ihre Psyche, Ihr Bewusstsein mit Selbstbewusstsein ganz stark auf. Und stellen Sie sich jetzt nach und nach vor, dass Sie sich immer mehr in der Geborgenheit dieses angenehmen, überdimensional großen Kissens, in das Sie hineingesunken sind und immer tiefer und tiefer hineinsinken mitsamt der ganzen Stärke und Kraft, mit der Harmonie, der Liebe und diesem wunderbaren Selbstbewusstsein, aufgefüllt aus dem eigenen Inneren heraus, befinden und sich nach und nach von Ihrem eigenen Inneren „wiegen" lassen, ganz gemütlich von einer

Seite zur anderen, so richtig wiegen lassen, ganz langsam und ganz gemütlich in Ihrem eigenen ruhigen Atemrhythmus. Bleiben Sie einfach längere Zeit in diesem Zustand des Sich-wiegen-Lassens, und fühlen Sie sich geborgen – mit Stärke, Ruhe, Frieden, Harmonie, liebevollem Wohl wollen und Selbstbewusstsein. Bleiben Sie eine Zeit lang in diesem Zustand, genießen sie es, diesen Zustand immer wieder einzuatmen, aufzufüllen und dabei immer tiefer und tiefer in diesen wunderbaren Entspannungszustand hineinzusinken und hier erst einmal einige Zeit zu verweilen (ca. 5 Minuten). Und dann stellen Sie sich wieder vor, dass Sie an Ihren Füßen Fußklappen haben, die Sie jetzt wieder nach außen öffnen können, und richten Sie Ihr Bewusstsein wieder auf die Stelle an Ihrem Kopf, wo Sie sich vorstellen können, dass Sie eine Art Krone tragen. Und genau dort stellen Sie sich vor, dass Sie auch nach außen eine Öffnung zum Kosmos herstellen können und sich aus dem Kosmos wieder positive Energie in den Körper hineinholen und dafür alles, was Ihnen einfällt – Ängste, Depressionen, Belastungen und Stress, alle Dinge, die Sie nicht mehr haben wollen und die Sie loswerden möchten – nun auch loslassen können. Vielleicht auch Menschen, die Sie endlich loslassen möchten, weil sie Sie belasten, obwohl sie in Ihrem Alltagsleben gar nicht mehr auftauchen. Schauen Sie einfach in aller Ruhe, was Sie loswerden wollen, und stellen Sie sich einfach vor, dass Sie sich zu jedem Loswerden immer wieder ganz bewusst Energie aus dem Kosmos holen können und mit Hilfe dieser Energie durch den ganzen Körper einfach alles nach und nach hinausschicken können, dass Sie alles, was Sie loswerden wollen, bewusst über die Fußklappen nach außen gleiten lassen und wieder ganz bewusst der Erde zurückgeben. Geben Sie ganz bewusst alles, was Sie loslassen möchten, der Erde zurück. Und bleiben Sie auch in diesem Zustand so lange, bis Ihnen nichts mehr einfällt, was Sie noch loswerden möchten. Sie reinigen sich so von innen heraus – gerade jetzt in diesem Zustand, in dem Sie sich geborgen fühlen. Sie haben es nicht mehr nötig, Dinge bei sich zu behalten, die Sie nicht mehr brauchen. Lassen Sie sie los, ganz bewusst, bis nichts mehr da ist, was Sie noch loslassen möchten. Und schauen Sie sich auch

Reinigen Sie sich von innen heraus.

wieder ganz bewusst in Ihrer Fantasie an, was da unten an den Fußklappen herauskommt, und geben Sie es einfach ab an den Erdmittelpunkt. Geben Sie in Ruhe und in Frieden alles ab, lassen Sie alles los, was Sie nicht mehr bei sich haben wollen. (Pause ca. 3 Minuten) – Falls Sie das Gefühl haben, besonders im Kopfbereich einen unangenehmen Druck zu spüren, dann stellen Sie sich vor, dass Sie auch Ihre Ohren von innen nach außen noch mehr öffnen können – sodass auch hier über die Ohren viel abfließen kann. Und wenn Sie diesen Zustand einige Zeit beibehalten haben und Ihnen nichts mehr einfällt, was Sie noch loswerden wollen, dann schließen Sie ganz bewusst wieder die Fußklappen, und füllen Sie sich jetzt von innen und von außen mit positiver Energie aus dem Kosmos auf. Lassen Sie sie einströmen, stellen Sie sich darauf ein, dass durch diese Energie Heilung in Ihnen geschehen kann – Heilung aller körperlichen und psychischen Probleme. Holen Sie sich ebenso die ganze Energie aus Ihrem eigenen Inneren. Vielleicht spüren Sie mit der Zeit, dass dieses eigene Innere mit der äußeren positiven Kraft, die Sie sich aus dem Kosmos in den Körper ganz bewusst hereingeholt haben, eins ist. Dass es wie ein Kreislauf ist, innen, außen, und dass Sie auch diesen Kreislauf wie einen Bumerang jeden Tag benützen können. Diese Stärke, diese Kraft, diese Harmonie, diese Liebe, dieses Selbstbewusstsein können Sie in sich aktivieren und von außen über den Kosmos die Energie hereinholen, die letztendlich all diese wunderbaren Eigenschaften selbst beinhaltet. Und so einfach können Sie immer von innen nach außen und wieder von außen nach innen diesen Kreislauf herstellen und sich auch noch einmal ganz bewusst in diesem Kreislauf wiegen, raus, rein, raus, rein, einfach einen Kreislauf herstellen und sich darin wohl fühlen. Und spüren Sie, wie viele Möglichkeiten Sie haben, wenn Sie das einfach Ihrem Inneren als Wunsch jeden Tag in Gedanken mitteilen. Nutzen Sie diese ganzen Schätze, die Sie in sich haben und die Sie vom Kosmos in sich hineinholen können, ganz bewusst für sich selbst, für Ihren gesamten Tagesablauf, auch für den Ablauf in der Nacht, vor dem Schlafengehen. Stärken Sie Ihr Inneres immer mehr, aktivieren Sie es, auf dass Ihr Inneres in der Lage ist, die ganzen Schätze, die es beinhaltet, in Sie, in

Nutzen Sie Ihre Schätze.

Ihren Körper und Ihre Psyche und Ihren Geist auszustrahlen. Und begreifen Sie, dass Sie, wenn Sie täglich immer wieder diesen Kontakt zu Ihrem eigenen Unbewussten, zu Ihrer eigenen inneren Kraft und zu den äußeren Kräften des Kosmos, die Sie in sich hineinholen können, herstellen, die Möglichkeit haben, aus einem ganz anderen Bewusstseinszustand heraus im Alltag Entscheidungen treffen zu können, und Sie werden merken, dass diese Entscheidungen ganz leicht fallen, dass sie keine Mühe mehr kosten, dass sie sofort da sind, ohne dass Sie viel überlegen müssen. Ihr eigenes Inneres weiß ganz genau Bescheid, welche Entscheidung für Sie in der jeweiligen Situation die beste ist. Und machen Sie einfach, wenn Sie Lust haben, in den nächsten Tagen Experimente damit. Prüfen Sie einfach einmal, wenn Sie sich für irgendetwas entscheiden müssen: Was sagt mein Inneres? Was sagt mein Kopf? Sie werden sehr oft merken, dass Ihr Kopf eine ganz andere Entscheidung treffen will. Experimentieren Sie einfach einmal mit sich, entscheiden Sie einmal nach dem Kopf, und überprüfen Sie nachher, ob es für Sie richtig war. Und dann entscheiden Sie in der nächsten Situation nach dem Inneren, auch wenn Ihr Kopf vielleicht etwas ganz anderes sagt. So werden Sie sehen, dass die besten Entscheidungen immer aus Ihrem Inneren kommen, und dass Sie sich von Tag zu Tag immer mehr auf Ihr Inneres voll verlassen können. Wichtig ist, dass Sie lernen, diesen Kontakt zu Ihrem eigenen Inneren jeden Tag ganz bewusst immer mehr herzustellen, sodass das irgendwann etwas ganz Selbstverständliches für Sie wird, und dass es irgendwann dieses „Innere" im ursprünglichen Sinn gar nicht mehr gibt, weil das Innere mit Ihnen und Ihrem normalen Bewusstsein völlig verschmolzen ist. Wichtig ist, dass Sie in Gedanken das Gefühl haben, aus diesem Schatz, aus dieser Tiefe Ihre Möglichkeiten herauszuholen, und so werden Sie merken, dass Sie immer kreativer werden, dass Ihr Leben immer freudvoller wird, dass Sie Ihr Schicksal in ganz anderer Weise in der Hand haben als bisher, nämlich durch die Gedanken, durch die Sie Kräfte aus dem eigenen Inneren heraus für sich aktivieren und Ihr ganzes Leben mit viel mehr Möglichkeiten gestalten können als bisher. Sie werden auch

Ihr Inneres trifft die besten Entscheidungen.

merken, dass Sie immer mehr zum eigentlichen Kern dieses Menschen, der Sie sind, heranwachsen, dass es ein Reifungsprozess ist und dass Sie im Grunde immer mehr über sich hinauswachsen, dass Sie immer stärker und größer, immer liebevoller und kraftvoller werden. Und dass Sie dadurch, dass Sie diese Liebe, diese Stärke, diese Kraft und dieses Selbstbewusstsein in sich nach außen auch aktivieren können und auf diese Weise, wie gesagt, einen neuen Bumerang-Effekt in die Umgebung hinausprojizieren, Ihre ganze Umgebung anstecken können mit Ihrem neuen Sein, Ihrem neuen Bewusstsein. Und Sie werden all das wiederbekommen, was Sie nach außen geben – wie immer.

Und dann kommen Sie nach und nach, wenn Sie das Gefühl haben, diesen Zustand wieder beenden zu wollen, ganz bewusst wieder an die Oberfläche Ihres Seins. Atmen Sie dann dreimal ganz tief durch, und wenn Sie das gemacht haben, strecken Sie sich, räkeln Sie sich, so als ob Sie morgens aufstehen. Lassen Sie ganz bewusst und intensiv Kraft in Ihren gesamten Körper hinein, räkeln Sie sich, spannen Sie Ihre Muskeln wieder an, und zuletzt öffnen Sie ganz bewusst Ihre Augen. Und falls Sie sie vorher schon einmal geöffnet haben, schließen Sie sie noch einmal, öffnen Sie sie dann ganz bewusst, und lassen Sie sich bitte noch Zeit mit dem Aufstehen. Lassen Sie den gerade erzeugten Zustand ausklingen und erst dann, wenn Sie wieder das Gefühl haben, ganz wach, ganz hier im Raum und im Hier und Jetzt und ganz kräftig und erfrischt zu sein, sollten Sie ganz langsam aufstehen.

An dieser Stelle möchte ich Ihnen noch einen Text aus der alten Sankt-Pauls-Kirche in Baltimore von 1692 mitgeben, der eigentlich alles sagt, was wichtig ist, um ein erfreuliches Leben führen zu können. Die Schrift heißt:

Desiderata

Gehe ruhig und gelassen durch Lärm und Hast und sei des Friedens eingedenk, den die Stille bergen kann. Stehe, so weit ohne Selbstaufgabe möglich, in freundlicher Beziehung zu allen Menschen. Äußere deine Wahrheit ruhig und klar und höre anderen zu, auch den Geistlosen und Unwissenden; auch sie haben ihre Geschichte. Meide laute und aggressive Menschen, sie sind eine Qual für den Geist. Wenn du dich mit anderen vergleichst, könntest du bitter werden und dir nichtig vorkommen; denn immer wird es jemanden geben, größer oder geringer als du. Freue dich deiner Leistungen wie auch deiner Pläne. Bleibe weiter an deiner eigenen Laufbahn interessiert, wie bescheiden auch immer. Sie ist ein echter Besitz im Wechsel und im Glück der Zeiten. In deinen geschäftlichen Angelegenheiten lass Vorsicht walten; denn die Welt ist voller Betrug. Aber dies soll dich nicht blind machen gegen gleichermaßen vorhandene Rechtschaffenheit. Viele Menschen ringen um hohe Ideale; und überall ist das Leben voller Heldentum. Sei du selbst, vor allen Dingen heuchle keine Zuneigung, noch sei zynisch, was die Liebe betrifft; denn auch im Angesicht aller Dürre und Enttäuschung ist sie doch immerwährend wie das Gras. Ertrage freundlich, gelassen den Ratschluss der Jahre. Gib die Dinge der Jugend mit Grazie auf. Stärke die Kraft des Geistes, damit sie dich in plötzlich hereinbrechendem Unglück schütze. Aber beunruhige dich nicht mit Einbildungen. Viele Befürchtungen sind Folge von Erschöpfung und Einsamkeit. Bei einem heilsamen Maß an Selbstdisziplin sei gut zu dir selbst. Du bist ein Kind des Universums, nicht weniger als die Bäu-

me und die Sterne; du hast ein Recht, hier zu sein. Und ob es dir nun bewusst ist oder nicht: Zweifellos entfaltet sich das Universum wie vorgesehen. Darum lebe in Frieden mit Gott, was für eine Vorstellung du auch von ihm hast und was immer dein Mühen und Sehnen ist. In der lärmenden Wirrnis des Lebens erhalte dir den Frieden mit deiner Seele. Trotz all ihrem Schein, der Plackerei und den zerbrochenen Träumen ist diese Welt doch wunderschön. Sei vorsichtig. Strebe danach, glücklich zu sein.

Schlussbemerkung

Nun wünsche ich Ihnen von Herzen, dass es kräftig in Ihnen weiterarbeitet und dass dieser Tag, den Sie sich heute gegönnt haben, Ihr ganzes Leben in einer Weise umwälzt, die bedeutet, dass Sie ein viel fröhlicherer und glücklicherer Mensch werden. Ich bin es mit diesen Techniken, mit diesen Gedanken, die ich Ihnen vermittelt habe, geworden und sehr, sehr viele meiner Patienten auch. Ich wünsche Ihnen von ganzem Herzen viel Erfolg bei Ihrer Persönlichkeitsentwicklung.

Gabriela Bunz-Schlösser

Stichwortverzeichnis